CHRISTINE WEINER

Respektiere dich selbst, dann respektieren dich alle

CHRISTINE WEINER

RESPEKTIERE DICH SELBST, DANN RESPEKTIEREN DICH ALLE

Warum es wichtiger ist, sich selbst zu gefallen,
als den Ansprüchen anderer gerecht zu werden

Sollte diese Publikation Links auf Webseiten Dritter enthalten,
so übernehmen wir für deren Inhalte keine Haftung,
da wir uns diese nicht zu eigen machen, sondern lediglich
auf deren Stand zum Zeitpunkt der Erstveröffentlichung verweisen.

Der Verlag hat sich bemüht, alle Rechteinhaber*innen ausfindig zu machen,
verlagsüblich zu nennen und zu honorieren. Sollte uns dies im Einzelfall aufgrund des
Zeitablaufs und der schlechten Quellenlage bedauerlicherweise einmal nicht möglich
gewesen sein, werden wir begründete Ansprüche selbstverständlich erfüllen.

Bibliografische Information der Deutschen Bibliothek

Die Deutsche Bibliothek verzeichnet diese Publikation
in der Deutschen Nationalbibliografie; detaillierte bibliografische
Daten sind im Internet unter www.dnb.de abrufbar.

Penguin Random House Verlagsgruppe FSC® N001967

1. Auflage
© 2022 Ariston Verlag in der Penguin Random House Verlagsgruppe GmbH,
Neumarkter Straße 28, 81673 München
Alle Rechte vorbehalten
Textauszug mit freundlicher Genehmigung: S. 185 aus:
Marianne Williamson, Rückkehr zur Liebe
© 1993 Wilhelm Goldmann Verlag, München,
in der Penguin Random House Verlagsgruppe GmbH
Übersetzung: Susanne Kahn-Ackermann
Redaktion: Regina Carstensen
Umschlaggestaltung: Eisele Grafik·Design, München
Illustrationen im Innenteil: Mo Marlitt
Illustration auf S. 198: Josefine Britz
Satz: Satzwerk Huber, Germering
Druck und Bindung: CPI books, GmbH, Leck
Printed in Germany

ISBN: 978-3-424-20246-5

Ich bin individuell.
Ich engagiere mich leidenschaftlich für meine Belange.
Ich bin in meiner Kraft.

Inhalt

Vorwort
    It's female! Ich bin eine Frau,
    deswegen kenne ich das Problem 9

1 Verdammt, wo hab ich mein Ich versteckt? 17
2 Sei hübsch, still und bescheiden 27
3 Idiotität, bye-bye 39
4 Der Ich-Plan 55
5 Warum wollen eigentlich alle dauernd Harmonie? 73
6 I am the fucking queen of my fucking life! 85
7 Stimmen im Kopf. Manche nennen das Mind Fuck! 101
8 Siesta und weiter! 113
9 Auch der Stolz will eingetragen werden:
   Der Verhaltenskleiderschrank 129
10 Sich dem eigenen Leben zuwenden 141
11 Lieben Sie sich noch ein bisschen mehr,
    wenn Sie sich abgelehnt fühlen 167
12 Halten Sie sich nicht zurück 181
13 Der Weg in die Heilung: Sich selbst ein Ja sprechen 187
14 Angekommen! 195

Anhang
    Sich selbst beschenken 199
    Literaturempfehlungen 205

Rund

Sich selbst respektieren,
ohne andere zu übersehen.

Bei anderen sein,
ohne sich dabei zu verlieren.

Sich selbst ernst nehmen,
ohne das Lachen zu vergessen.

Die eigene Schönheit lieben,
und andere schön sein lassen.

Vorangehen auf dem eigenen Weg,
und auch andere Landkarten wahrnehmen.

Sich feiern.

Erkennen, dass man für sich wichtig ist,
wie andere für sich wichtig sind.

Sich in den Mittelpunkt stellen –
wenn schon nicht inmitten der ganzen Welt,
dann doch auf der Kugel des eigenen Lebens.

Vorwort

It's female! Ich bin eine Frau, deswegen kenne ich das Problem

Da sind Sie also!

Und Sie sind nicht alleine hier!

Wenn Sie sich von dem Thema »mangelhafter Selbstrespekt« und dessen Auswirkungen angesprochen fühlen, befinden Sie sich in einer sehr großen Gruppe von Frauen unterschiedlichen Alters.

Selbstrespekt ist die Art von Respekt, die sich in Wertschätzung, Zuhören, Nachsicht, Unterstützung, Geduld sowie Akzeptanz zeigt. Wir schenken sie anderen Menschen tagtäglich, nur adressieren wir diese Aufmerksamkeit diesmal an uns selbst.

Sie können sich schon jetzt fragen:

- Schenke ich mir Wertschätzung?
- Höre ich mir zu?
- Bin ich geduldig mit mir?
- Nachsichtig?
- Akzeptiere ich mich?

Löchriger Selbstrespekt sich selbst gegenüber bewirkt als Resonanz fehlenden Respekt von außen. Diese beiden Themen sind für viele Frauen neuralgisch, den Zusammenhang erkennen die meisten aber erst später oder zu spät. Und genau darum geht es in diesem Buch: Ich möchte Sie darin unterstützen, zu erkennen, dass Sie von anderen Menschen erst dann respektiert werden, wenn es Ihnen eine Freude und Ehre ist, sich selbst zu würdigen, sich zu achten – ja, bis der Tod Sie scheidet. Denn das ist der Endpunkt dieser Reise. Wenn Sie sich bislang mittels Freundlichkeit, Nachgiebigkeit, Einsatz und Hilfsbereitschaft sicher fühlen und Menschen für sich gewinnen wollten, dann möchte ich, dass Sie am Ende des Buchs eine Managerin dieser Geschenke und Fähigkeiten werden. Sie werden bestimmen, wem Sie etwas geben werden – und das im Einklang mit sich selbst. Vorbei werden die Zeiten sein, in denen jeder mit Hundeblick auf Sie zutreten konnte, weil es klar war, dass Sie helfen würden.

If you need help, ask a woman

Diesen Satz formulierte schon vor Jahren meine geschätzte Kollegin in München, Liz Howard. Frauen unterstützen gern – und das wird oft genug von anderen missbraucht und ausgenutzt, die nicht freimütig geben und teilen. Jetzt gilt es nicht mehr nur zu geben, sondern auch selbst um Hilfe zu bitten. Für die eigenen Bedürfnisse einzustehen und die Erfüllungsgehilfin zu werden, die auch Grenzen setzen kann.

Dass Frauen sich selbst nicht genügend respektieren, merkt man am ehesten daran, wie andere Menschen mit ihnen umgehen. Aber schlecht behandelte Frauen werden nicht wütend, sondern sie fragen sich, was sie falsch gemacht haben, fühlen sich zurückgesetzt, am Ende noch schuldig. Sie beschimpfen sich, sind ungnädig, streng, sehr selbstkritisch, traurig. »Warum gehen die anderen so mit mir um?«, fragen sie sich. »Ich tue doch so viel für mein Umfeld. Wieso spricht man so mit mir?«

Noch mal: Wenn wir uns selbst nicht respektieren, respektieren uns die anderen auch nicht. Das ist die Antwort – und das wäre es schon. Sie könnten an dieser Stelle das Buch wieder weglegen. Oder positiv formuliert: Respektiere dich selbst und es ist dir egal, was die anderen sagen oder wollen. Das klingt einfach, bedeutet aber nicht, dass man es sich nicht genauer anschauen könnte oder sollte, wenn man in seiner Entwicklung vorankommen möchte. Aus Stroh Gold machen, nenne ich das. Es lohnt sich also dranzubleiben, denn es geht im Folgenden um einige wichtige Fragen:

- Was hindert Frauen daran, sich zu respektieren?
- Wieso verschwinden sie so wehrlos im Leben anderer Menschen?
- Weshalb liegt der Erfolg anderer Menschen Frauen mehr am Herzen als der eigene?
- Wieso treten Frauen so bereitwillig zur Seite oder gar zurück?
- Warum übernehmen sie Aufgaben, die in den Bereich und die Zuständigkeit anderer fallen?
- Wieso gehen Frauen davon aus, dass Bescheidenheit und Anpassung Grundbedingungen für Sympathie und Wohlwollen sind?
- Wer hat Frauen nur eingetrichtert, dass sie unbedingt zuvorkommend und freundlich sein sollten?

Anerkennung und Liebe sind die beiden Motivatoren, die Frauen in der Regel nennen, wenn sie mir von ihrer Welt und ihren Wünschen erzählen. Aber die Strategie, dass man schon irgendwann gelobt oder bemerkt wird, wenn man klaglos, fleißig und unterstützend ist, hat sich nicht bewährt. Das wissen wir alle und zwar aus sämtlichen Lebensbereichen. Im Beruf ist dieses Auftreten sogar ein Karrierekiller, denn aus den braven hinteren Reihen wird niemand nach vorne gerufen. Wenn das Ihr Thema ist und Sie deutlicher sichtbar sein wollen, bringen Sie eher gute Fragen voran:

- Wie sorge ich gut für mich?
- Wie bringe ich mich voran?
- Wie finde ich heraus, was mich blockiert?
- Wie finde ich heraus, wer mich blockiert?
- Was schätze ich an mir?
- Wie würde ich mich zeigen, gäbe es in mir keine Zweifel, keine Angst?

Reflexionen zu diesen Fragen unterstützen uns, unsere Persönlichkeit, unser Können, unsere Talente und unsere Beziehungen zu erkennen und aktiv zu gestalten, ebenso das, was wir wollen und nicht wollen. Wenn Sie zugewandt und bei sich selbst sind und somit nicht im Leben anderer verschwinden, zeigen Sie sich in voller Größe und werden es auf keinen Fall zulassen, dass ein anderer Mensch Sie kleinmacht, kleinredet, ausnutzt oder gar für seine Zwecke missbraucht.

Mir ist die ganze Bedenkenpalette von Frauen zu diesem Thema – auch aus eigener Erfahrung! – sehr bekannt, allen voran die Furcht, andere könnten sich von einem abwenden, wenn man beginnt, eigene Bedingungen zu formulieren und zu stellen.

»Ich möchte nicht abweisend wirken«, höre ich oft. »Die anderen sollen mich mögen, wir sind schließlich ein Team.« Auch: »Ich habe Angst, dass man schlecht über mich spricht.« Letzteres ist besonders ein Argument, wenn es darum geht, lieber weiter zurückhaltend und zuvorkommend im Umgang zu bleiben. »Wenn ich alles sage, was ich denke, dann habe ich bald keine Familie und keine Freunde mehr.«

Kann das sein?

Ich werde darauf zurückkommen.

Fest steht: Kleine Mädchen haben Angst, dass Freundinnen nicht mehr mit ihnen spielen. Junge Frauen fürchten, unangenehm aufzufallen. Das Mittelalter leidet unter Beklemmungen und hält sich an alten Freundlichkeitsnormen fest, und im Altenheim grassiert die Furcht, bei einem zu deutlichen Mundwerk nicht mehr geachtet und gepflegt zu werden. Immer wieder sind es Frauen, die sich nicht in ihrer ganzen Persönlichkeit und Würde zeigen, die sich Wünsche und Bedingungen verkneifen.

Frauen teilen die Mittagspause mit Arbeitskolleginnen und -kollegen, die sie nicht mögen, aus Sorge, durch Ablehnung zu verletzen. Sie machen gegenüber Töchtern und Söhnen zähneknirschend

Zugeständnisse, um in voller Absicht Konflikte zu vermeiden. Sie geben mit der Faust in der Tasche Bitten nach, weil der- oder diejenige *es doch gerade schon so schwer hat*. Bedanken sich für grenzwertige Vasen, die sie geschenkt bekommen. Hängen Erinnerungen von der Familie an die Wand, die so gar nicht in die eigene Wohnung passen. Freuen sich falsch über weitergereichte Klamotten, die *knapp vorbei* und damit *voll daneben* sind. Rollen Teppiche aus, wenn die Familie kommt, und nehmen Gemälde ab, wenn der Besuch sich verabschiedet hat. Und sie sind beschäftigt mit all dem, was andere erwarten, wollen, wünschen, fordern, nur nicht mit sich selbst.

Es mag über die Erdkugel verstreut auch ein paar Männer geben, denen diese Gedanken vertraut sind, für mich ist dieser Wunsch nach *Everybody's Darling* – verzeihen Sie mir, wenn ich das jetzt flapsig formuliere – eher eine »Frauenkrankheit« mit den Begleiterscheinungen, dass Frauen sich bis spät in die Nacht in Projekte oder Unterstützungen aller Art *reinschmeißen*, um ihr Engagement und ihre Hilfsbereitschaft zu demonstrieren. Dabei gehen sie seelisch und körperlich an ihre Grenzen oder darüber hinaus, erhalten als Resonanz darauf aber weder mehr Geld noch mehr Dank, weder mehr Reputation noch mehr Verantwortung. Und noch mehr Liebe schon gar nicht.

Es gibt viele Geschichten, die ich im Laufe meines beruflichen Lebens gehört habe, und immer wieder stellten sich Frauen die Frage: »Verdammt, warum mache ich das nur?«

Eine davon ist Anne

Anne kam vor einiger Zeit zu mir, weil sie ihre Harmoniesucht, ihr Zu-freundlich-Sein überdenken wollte. Es ging ihr nicht nur um ein neues Verhalten, sie wollte verstehen. »Wieso stecke ich seit meiner Kindheit so bereitwillig zurück? Wenn ich über mich selbst spreche, werde ich rot, meine Stimme zittert, und mein Herz springt mir fast aus der Brust.« Sie wollte »da raus«, und das geht am besten, wenn man sich kennenlernt.

Eines ist klar: Ein Verhalten, das wir seit Jahrzehnten leben, dreht sich nicht nach drei Gesprächen um, aber schon wenige Gespräche machen es möglich, dass ein Mensch sich selbst mehr und mehr versteht. Anne wollte sich endlich selbst Anerkennung geben und das JA sprechen, das sie sich von anderen erhoffte. Viel zu lange hatte sie sich von anderen die Erlaubnis für ihr Verhalten eingeholt. »Ich habe anderen Menschen zu viel Macht eingeräumt und ihnen zugestanden, mein Befinden zu beeinflussen.« Anne will die Macht zurück.

Der Weg in den Selbstrespekt und die Beantwortung der Frage, warum wir ihn uns nicht selbst geben, hat viel mit Rückblick, Umblick, Erziehung, gesellschaftlichen Normen und den Erwartungen zu tun, die wir an uns stellen und die wir von anderen spüren. Frauen gehen nur zu gerne in anderen Köpfen spazieren und hören Anforderungen, die keiner ausspricht. In einer Art vorauseilenden Gehorsam übernehmen sie Aufgaben und sind stets zu Diensten. Das ist nicht immer gewollt, wird aber vorzugsweise genommen. Anne wird auf ihrem Weg reflektieren, was sie dazu treibt, Versprechungen, die sie gar nicht geben wollte, nicht nur einzulösen, sondern sogar zu übertreffen. Sie will sich diese Muster betrachten, denn sie hat mehr und mehr den Eindruck, dass sie sich sonst auflöst, in den Bedürfnissen anderer Menschen verschwindet.

Anne ist nicht irgendeine. Anne ist wir

Anne ist der Prototyp einer Frau, die vergessen hat, auf sich selbst zu achten und sich selbst auszuleben. Eine Frau, die eine Bluse nicht nur teilt, sondern gleich ganz hergibt. Eine Frau, die wie viele meint, nicht Nein sagen zu können; Verständnis aufbringt, Nachsicht übt; Hilfsbereitschaft lebt. Und die so lange hin und her überlegt, ob sie wirklich die Richtige dafür ist, bis ein anderer ihr den Job wegschnappt, den sie eigentlich so gerne haben wollte. Eine Frau, die ihrem Mann die Hemden bügelt, während er mit einer anderen poussiert; die ihrer Freundin am Telefon zuhört, obwohl das Erzählte eine gähnend langweilige Never Ending Story ist, die sie schon tausendmal gehört hat. Eine Tochter, die von ihrer Mutter schikaniert und überheblich behandelt wird, und eine Mutter, die für ihre Tochter *allzeit bereit* ist und vielleicht sogar umgekehrt auf Ablehnung stößt. Das ist vielen Frauen vertraut. Mal mehr die eine Geschichte, mal mehr die andere – die Quintessenz, auf sich selbst zu wenig und auf die anderen zu viel zu achten, ist den meisten sehr vertraut.

Anne lässt uns teilhaben. Das ist so mit ihr besprochen. Es ist an dieser Stelle unerheblich, wie alt Anne ist, wie und wo sie genau lebt und was sie beruflich macht. Auch Sie werden sich in ihr wiederfinden. Anne und ich sehen uns regelmäßig. Sie möchte Sie an einigen Gesprächen teilhaben lassen. »Die Leserinnen können mir gerne in die Karten gucken«, hat sie dazu gesagt. »Plus/minus haben wir doch alle das gleiche Spiel auf der Hand.«

Grenzen zu ziehen, die eigenen Bedürfnisse zu respektieren und mit Grandezza – oder wie ich es gerne nenne: Grand Glamour – zu vertreten, das ist es also, was Anne lernen will. Sie hat verstanden, dass sie gegenüber anderen Menschen nur dann großzügig sein kann, wenn sie ihre eigenen Grenzen und Regeln kennt und akzeptiert. Denn erst dann geben Menschen richtig gerne. Spüren Sie mal nach. Wie leicht ist es, etwas zu teilen, wenn man es gerne gibt und mit sich selbst zuvor verhandelt hat, und wie schwer ist es, wenn wir geben, weil wir meinen, es wäre erwartet oder wäre Anstand und gute Sitte.

Wie wunderbar können wir teilen, abnehmen, nachgeben und flexibel sein, wenn uns unsere eigenen Grenzen und unser Wohlergehen wichtig sind.

Das ist es, was Anne sich wünscht.
Es ist ihr Weg. Mein Weg. Vielleicht auch Ihrer.

Mein Mut beschützt mich
und unterstützt mich.
Ich liebe meinen Mut
und zeige mich gerne.
Auf meinem Lebensweg
begegne ich Menschen,
die sich an mir
und meinem Mut erquicken.

1
Verdammt, wo hab ich mein Ich versteckt?

Das Thema »Identität« beschäftigte mich schon vor Annes erstem Anruf eine ganze Weile. Ich hatte bereits vor einiger Zeit bemerkt, dass viele meiner Klientinnen sehr mitreißend davon erzählen konnten, was sie für ihre Familien bewegten, beschrieben, welche Familientraditionen es gibt, Rituale. Manche brachten es sogar fertig – mit zurückhaltendem Stolz –, von ihren beruflichen Erfolgen zu berichten, aber nur eine verschwindend geringe Anzahl meiner Klientinnen konnte die Frage: »Und wer sind Sie? Was ist Ihre Identität?« beantworten.

Die Frage ist unüblich, der Begriff wird nicht so oft verwendet. Identitätsnachweise beziehen sich meist auf Staatsbürgerschaft, Herkunft. Identität ist aber mehr. Manchmal bekam ich als Antwort eher die Gegenfrage: »Meinen Sie meine Nationalität?« Nein, ich meine Identität.

My Identity

Zur Identität zählen Herkunft, Wurzeln, Spiritualität, Bildung, Wissen, Familiengefüge, also die individuelle Biografie, aber auch, wie ein Mensch sich in der Welt selbst erlebt. Die persönliche Identität ist persönlich. Individuell. Es kann eine Bedeutung spielen, wo Eltern geboren sind, und es kann unbedeutend sein. Je nachdem, wie ein Mensch das für sich selbst bewertet und einordnet. Wie man etwas er-lebt, ist geprägt von Selbstwahrnehmung, Fremdwahrnehmung, Entwicklung und einem permanenten Abgleich mit der Umwelt.

»Meine Identität ist«, antwortet Anne sehr zögerlich, als ich ihr nochmals die Frage stelle, »dass ich einfach zu gut bin. Ich bin eine dumme, kleine Heilige. Vielleicht klingt das jetzt albern – aber, im Ernst, alles in allem bin ich einfach sehr hilfsbereit.«

»Aha«, antworte ich und warte auf den nächsten Satz.

»Ja, das ist so. Ich unterstütze, dann machen die anderen ihr Ding und vergessen mich darüber.«

Sie zuckt die Achseln und lacht dabei verlegen. »Als wäre ich nicht da und als hätte ich keinen Beitrag geleistet. Ich bin unsichtbar. Das wär's schon. Mehr weiß ich nicht zu mir zu sagen.«

Pause.

»Vielleicht ist ja meine Identität, dass ich ein Geist bin oder ein Heinzelmännchen. Ich komme, helfe und verschwinde. Manchmal zeige ich mich nicht mal dabei.«

»Wenn schon Heinzelmännchen, dann aber Heinzelfrauchen«, sage ich und lächle. »So viel Zeit muss sein.«

Da muss auch Anne lächeln.

Obwohl sich Frauen so oft in Spiegeln betrachten, fällt es nicht nur Anne schwer, zu beschreiben, *wer* sie ist. Frauen kennen ihre Kleidergröße, das Gewicht, wenn es akzeptabel ist, wissen, ob sie Permanent-Make-up schön finden oder nicht, wie sie zu Schönheits-OPs und künstlicher Befruchtung stehen, haben ein oder ein paar Lieblingsparfums, sammeln entweder Handtaschen oder Schuhe (oder beides!). Aber wenn ich danach frage, was sie ausmacht und wohin sie mit ihrem Leben wollen, werden sie oft still. Manche sagen, sie würden gerade nicht darüber nachdenken, weil sie kleine Kinder hätten und froh um jede Mütze Schlaf wären. In solchen Zeiten plant man nicht individuell, sondern schaut, dass man irgendwie durchkommt. Andere gehen im Job fast unter. Die nächsten pflegen ihre Eltern.

Wieder andere bauen ein Haus. Manche haben ein Tier, das viel Zeit braucht. Ach, es gibt immer etwas, das uns von uns abhalten kann. Und wenn mich überhaupt etwas verwundert, dann nur das, dass ich diese Aufzählungen und Argumentationen nur ganz selten aus einem männlichen Mund zu hören bekomme.

Es ist weit gefehlt, dass diese Frauen nicht wissen, was sie zieht, wohin sie sich sehnen und wie ein buntes Leben aussehen könnte. Es ist vielmehr so, dass sie sich nicht so wichtig nehmen, erst abwarten, hören wollen, ob ihre Ambitionen zeitlich passen und ob es generell akzeptabel ist, dass sie ihre Ansprüche und Wünsche konkret formulieren. Wiederholt kommt der Satz: »Auf keinen Fall möchte ich selbstbezogen klingen, jemanden tangieren, verletzen, irritieren.« Für mich bedeutet dies übersetzt: »Mein Leben ist nicht so wichtig wie deines. Ich stelle mich zurück.« Jedes Leben ist aber wichtig – und jedes Leben zählt. Wir geben ein Geschenk ungeöffnet zurück, wenn wir uns nicht entfalten.

Auch wenn wir erst am Anfang stehen, bin ich schon jetzt davon überzeugt, dass Anne eine Idee von sich hat. Bestimmt hat sie Pläne, Sehnsüchte, möchte etwas für sich erreichen. Bestimmt weiß auch sie, warum sie sich hintenanstellt.

»Wie merken Sie denn, wenn Sie etwas begeistert?«, versuche ich es auf anderem Weg.

»Dann bin ich mit Spaß dabei.«

Anne zuckt beiläufig mit den Achseln, als sie das sagt. Ihre Worte schwimmen um meine Frage herum. Sie ist nicht greifbar, und es kommt mir so vor, als wolle sie mir vormachen, dass es da nichts gäbe, bei ihr alles noooormal und damit nicht viel zu entdecken sei. Das glaube ich aber nicht.

»Und worin oder wobei kann ich Sie unterstützen?«, will ich es jetzt doch ganz genau wissen. Diese Frage ist in der Beratung von zentraler Bedeutung. Wenn ein Klient oder eine Klientin sie nicht präzise beantworten kann, dann ist es schwer zu entscheiden, ob man das beste Wissen und die besten Möglichkeiten hat, einen Menschen zu begleiten.

»Ich habe den Termin mit Ihnen gemacht, weil ich mich im Büro und auch privat nicht gesehen fühle. Alle trampeln auf mir herum, denke ich manchmal. Bestellen mich ein oder schieben mir etwas zu, als gehörte ich zu ihrem Personal. Ganz selten werde ich gefragt, was ich möchte. Ob ich einen Wunsch habe. Das alles hat dazu geführt, dass ich den Kontakt zu mir selbst verloren habe. Ich weiß nicht, was meine Identität ist.« Sie schaut mich ganz verzweifelt an. »Ich weiß nicht mehr, wer ich bin. Das möchte ich ändern, und deswegen bin ich hier.«

»Wofür ist das gut, dass Sie sich so engagieren?«

Menschen machen nie etwas ohne Grund. Anne nicht, Sie nicht, ich nicht. Sie muss in irgendeiner Weise profitieren oder zumindest davon ausgehen, dass etwas für sie dabei herausspringt.

»Was möchten Sie, dass dadurch bewirkt wird?«, setze ich nach.

»Ich möchte gemocht werden«, sagt Anne. »Anerkannt. Oder noch besser: geliebt werden.«

Jetzt wird Annes Stimme ganz leise. Schämt sie sich für diesen Wunsch? Aber er steht ihr zu! Wir dürfen das: uns nach Anerkennung oder Liebe sehnen. Es sind im Übrigen mit die stärksten Antriebskräfte, die wir haben. Liebe und Anerkennung stehen uns zu, weil jede von uns liebenswert ist und sicher auch etwas für die Gemeinschaft tut, was anerkennenswert ist. Nur der Weg und das Zielobjekt, mittels derer wir versuchen, uns dieses Bedürfnis zu erfüllen, die sind es relativ häufig wert, überdacht zu werden.

»Und hat es geklappt?«

Nein, es klappt natürlich nicht.

»Es ist auch so«, sagt Anne, »dass ich auch gerne mehr über mich erfahren würde. Die Frage nach meiner Identität fand ich ziemlich herausfordernd. Ich muss darüber nachdenken. Geht es vielleicht auch ein wenig einfacher?«

Klar geht das.

»Wenn Sie eine alte Taschenuhr wären – *what makes you tick?*«
Das ist eine Frage, die ich ebenfalls sehr mag. Was bringt einen Menschen zum Laufen, Ticken, was puscht uns und was muss passieren, damit wir in unsere Energie kommen und uns nicht an andere Menschen oder in anderen Dingen verlieren?

»Meinen Sie, welchen Sinn ich im Leben habe?«

Sinn, Taschenuhr, Identität – das ist, jedes für sich, ein großes Bild. Annes Bedürfnis ist es, sichtbarer zu werden. Respektabler für die anderen. Um dies zu erreichen, ist es unbedingt notwendig, diese Fragen für sich beantworten zu können. Ein Mensch kann nur dann geachtet werden, wenn er sich selbst achtet. Wir werden behandelt, wie wir uns behandeln. Deswegen ist es wichtig, uns gut zu führen. Wenn wir uns kennen und wissen, was uns antreibt, was unsere Werte sind, unsere Ziele, dann können wir zu uns stehen, über uns sprechen und uns im Fall des Falles für uns einsetzen. Fehlen uns die Antworten auf diese wichtigen Fragen, haben wir schlechte Karten, wenn uns jemand von der Seite oder sehr direkt angeht.

Deswegen auch gleich die Fragen an Sie:

- Was bringt Sie zum Laufen?
- Was schenkt Ihnen Glück und Sinn?
- Brauchen Sie dafür andere Menschen?
- Oder sind Sie auch mit sich glücklich und auf sich stolz?

Die Momente des Lebens sind miteinander verbunden. Eine Dynamik regt die andere an. Das zu steuern und nicht nur einfach über sich ergehen zu lassen, ist Teil gekonnter Lebensführung. Selbstmanagement, wie ich schon sagte. Früher bezog sich der Begriff »Selbstmanagement« für mich hauptsächlich auf Ziele und Ressourcen, heute sehe ich darin sehr viel mehr:

- Wie kann ich mich gut durch mein Leben führen?
- Was kann ich tun, sodass ich mein Dasein als erfüllt betrachte?

In den Überlegungen hinter diesen Fragen stecken Lebensenergie und Dank. Dank, dass wir mit so viel innerem Reichtum per Geburt beschenkt wurden. Lebensenergie, weil wir all diese Schätze ans Licht bringen und zeigen können. Dafür brauchen wir Zeit und Aufmerksamkeit für uns selbst.

»Ich denke schon, dass ich viel in mir trage«, übersetzt Anne das für sich. »Aber bei mir ist es noch eher ein verborgener Schatz. Die Kiste ist in der Kammer, in der sich auch der Sinn meines Lebens versteckt. Ich weiß nicht mal, ob es meine Kiste ist.« Das ist so und so ein großes Thema. Sinn? Wie kommt man darauf?

Ich ahne, dass Anne davon ausgeht, dass es nur wenigen (am ehesten spirituellen Menschen, Philosophen und Künstlerinnen) vergönnt ist, den eigenen Sinn zu finden. Das Geheimnis des Sinns ist aber gar kein so großes. Die Chance, mit etwas Einsatz seine rote Linie im Leben zu finden beziehungsweise sie zu bestimmen und sich selbst dabei zu gewinnen, ist millionenfach höher als beim Lotto. Das Wissen darum, wie wir uns selbst sehen, erleben und in die Welt stellen, ist keine Gnade, die vom Himmel fällt – es ist pure Reflexion und Entscheidung. Zuckerwatte ist keine rosarote Wolke vom blauen Himmel gepflückt. Es ist Zucker. Und jeder kann sich rosafarbene, grüne oder lilafarbene Wolken machen. Es ist ein Handwerk, eine Wahl. Letzteres herauszufinden, ist das, was in Beratungen geschehen kann.

»Kennen Sie denn Ihren roten Faden, den Sinn?«, will Anne von mir wissen.

»Von welchem möchten Sie hören?« Ich zucke mit den Achseln. Ich habe nicht nur einen Sinn, sondern eine ganze Anzahl von *Sinnen*. Manchmal mehrere an einem Tag, je nachdem, wie viel Sinn ich gerade in mein Leben lasse.

»Und wissen Sie, was Sie ticken lässt?«
Das ist einfach.
»Menschen«, antworte ich. »Menschen, Menschengeschichten, Lebenswege.«

»Dann wäre es bei mir erst einmal Mensch. Nur Mensch. Eine. Ich.«

»Das ist ein sehr guter Anfang«, sage ich. »Danke, dass ich dabei sein darf, wenn Sie sich entdecken.«

Es bereitet mir immer wieder große Freude, mit Menschen zu gehen, die ihre Ziele finden und ihre Persönlichkeit neu entwickeln möchten. Viele haben das in der Vergangenheit mit Strenge und Strafe gemacht. Sie haben sich angetrieben, gequält und vergessen. Es geht auch liebevoll. *Love is the answer.* Selbstliebe und Selbstrespekt sind Wundermittel. Menschen, die positiv über sich (und die Welt) denken, füllen den Raum allein durch ihre Anwesenheit. Der Gang ist aufrecht, federnd, der Händedruck entschlossen, die Stimme moduliert, die Mimik freundlich und klar, und die Augen leuchten. Wenn wir uns selbst respektieren, mit unserem Können und dem, das noch gefunden und zur Fülle gebracht werden will, sind wir gerne mit uns und gerne mit anderen, da es keine Konkurrenz mehr gibt. Wir können dann annehmen, abgeben und uns inspirieren lassen. Klingt entspannt, oder? Ist es auch. Für alle Beteiligten. In der Nähe von natürlich selbstbewussten Personen fühlen Menschen sich wohl, weil sie freundlich, offen und optimistisch sind, Mut machen und andere motivieren und begeistern. Das ist der Weg, den auch Anne gehen wird. Ob sie schon ahnt, was alles auf sie wartet? Wird sie sich feiern?

»Ich feiere ja nicht mal Geburtstag«, erklärt sie und lächelt. »So wichtig ist das doch alles nicht. Nur ein Jahr älter.«

»Und Sie? Sind Sie sich wichtig?«

»Schon.«

»Und was glauben Sie, wer für andere Menschen wohl anziehender ist: eine Frau, die sich selbst schätzt, respektiert und feiert, oder die Frau, die genügsam und bescheiden ist?«

»Schon wieder kommen Sie damit!«

Hat Anne eben noch erkannt, dass das nichts bringt, wird sie schon gleich wieder von ihrer eigenen Zurückhaltung eingeholt. Die Annahme, dass man durch Bescheidenheit und Zurücknahme andere Menschen begeistern und gewinnen kann, sitzt fest in den Köpfen. Aber was hält sie eigentlich zurück? Spannende Frage. Man könnte Zurückhaltung auch Geiz nennen, denn wir lassen die Welt dann nicht an unserem Reichtum teilhaben. Haben Sie das Thema schon einmal aus dieser Perspektive betrachtet?

- Wenn Sie Ihre Identität finden möchten, dann blicken Sie auf Ihren inneren Reichtum, Ihr Können.
- Finden Sie heraus, was davon Sie gerne mit anderen teilen möchten.
- Wie möchten Sie sich selbst beschreiben?
- Wer sind Sie, wenn Sie nicht die Konzepte und Erwartungen anderer Menschen erfüllen?

Menschen, die sich nicht selbst feiern wollen, werden von anderen nicht gefeiert, sondern bestenfalls als Dienstleister gesehen und auch so behandelt. Begegnung ist aber Austausch und ein Fließen-Lassen. Besonders Frauen haben über die Jahrhunderte allerdings die Erfahrung gemacht, dass es nicht gut ist, sich selbst zu mögen, sich zu zeigen und zu feiern. Gelehrt wurde Frauen, für andere da zu sein, sich zurückzuhalten, besser zu schweigen. Deswegen mangelt es Frauen noch immer an weiblichen Vorbildern, die, ohne zu zögern, laut und deutlich von sich sprechen. Es hat etwas mit unserer geschichtlichen Entwicklung zu tun, und damit Anne sich selbst versteht, nehme ich mir vor, mit ihr darüber zu sprechen. Selbstbewusstsein ist nicht nur etwas für uns selbst, wir unterstützen damit auch andere Frauen. Wenn wir nicht nur Frauen, sondern Schwestern sind und Sisterhood leben, ist es unsere heilige Pflicht, nicht nur für uns selbst, sondern für alle Frauen – besonders die nachfolgenden Generationen – ein leuchtendes Beispiel dafür zu sein, unsere eigenen Sehnsüchte und

Ziele zu erfüllen. Die Beschreibung: »Ich bin gut in der zweiten Reihe« bedeutet, dass man sein Können in den Diensten eines anderen stellt. Das ist erlaubt. Gute Sekretärinnen sind Meisterinnen in dieser Kunst, aber bitte nicht nur für andere. Es ist an der Zeit, all das, was wir anderen geben und uns für uns selbst von anderen erhoffen, uns selbst zu geben.

Was ist es bei Anne? Von was weiß sie schon jetzt, dass es für sie und andere wertvoll ist? Sie schreibt ein paar Begriffe auf den Block, der immer bei mir auf dem Tisch liegt. Ich gehe derweil in die Küche und mache uns einen Tee. Manche Übungen gestalten sich am besten, wenn nicht jemand dasitzt, der einem auf die Finger schaut. Wollen Sie mitmachen? Mein Sessel ist gerade frei.

Was ist wertvoll an Ihnen?

- Ist es ein Können, ein Talent, eine Eigenschaft?
- Sind Sie gastlich, herzlich, klar?
- Können Sie anderen Menschen helfen, ihren Weg zu finden?
- Haben Sie womöglich eine Stimme für andere, die viel zu selten erklingt?
- Haben Sie gute Ideen, die endlich rausmüssen?

»Es ist so viel«, staunt Anne. »Wieso zeige ich das nicht? Wieso stelle ich mein Licht unter den Scheffel? Und wieso bekomme ich Herzrasen und rote Flecken am Hals, wenn mich jemand auf mein Können anspricht oder mich öffentlich lobt?«

»Dafür gibt es ein paar Gründe, die in der Geschichte von Frauen liegen. Das sind nicht nur Sie allein. Das sind die vielen Frauen, die vor Ihnen lebten, und die Frauen, die jetzt auf dem Planeten sind und deren Möglichkeiten beschnitten sind. Lassen Sie mich das später umreißen«, versuche ich Anne auf die Schnelle klarzumachen, dass wir nie alleine etwas zeigen, sondern dass es immer viele Menschen gibt, die von Ähnlichem betroffen sind. Wenn sich in meinen Frauengruppen eine Frau meldet und über sich zornig ist, weil sie sich zu schüchtern und scheu fühlt. Nicht den Mund aufmacht. Dann frage ich in die Runde, ob auch die anderen das Gefühl kennen, sich nicht zu zeigen – und alle Hände gehen hoch. So ist es auch mit dem Gefühl des mangelnden Selbstrespekts und der nicht wirklich ausformulierten Identität. Wir sind selten allein. Deswegen können wir uns zusammen auf den Weg machen. Wir blicken vor uns zurück und finden dabei uns in der Mitte.

»Wenn Sie das jetzt so anreißen, können Sie auch gleich alles erzählen.« Anne wirkt genervt.

Es stimmt: Wer A sagt, sollte auch B sagen.

»Haben Sie gemerkt, dass Sie eben auf Ihre Bedürfnisse geachtet haben?« Ich mache sie dennoch aufmerksam auf das, was noch war.

»Stimmt!« Anne wird nachdenklich. »Ich habe ganz frei gesagt, was ich will, und ich hatte keinen Moment Furcht, dass Sie sauer werden könnten.«

»Und wenn schon«, antworte ich ihr. »Es ist egal, wie ich reagiere. Sie haben ein Recht darauf, zu formulieren, was Sie brauchen. Das kann höflich sein – und manchmal ist es eben auch genervt. Wenn Sie dazu stehen können, ist es gut. Und wenn nicht, können Sie einen neuen Weg finden. Wichtig an dieser Stelle ist, dass Sie sich nicht fügen, weil Sie denken, es würde erwartet werden oder es wäre gefährlich, wenn Sie es nicht tun. Und damit«, nicke ich ihr zu, »komme ich zu früher.« Denn vieles von dem, was wir tun oder spüren, tun und spüren wir nicht allein aus uns heraus, sondern es wurde an uns weiter gegeben, war zu Urzeiten einmal sinnvoll oder es handelt sich um ein überholtes Erziehungskonzept von früher. Es ist gut auch diesen Wurzeln nachzugehen.

2
Sei hübsch, still und bescheiden

Noch in den Sechzigerjahren wurde von einem Mädchen *unbedingt* erwartet, zurückhaltend und unterstützend zu sein. Das ist nicht soooo lange her. Annes, meine und Ihre Großmutter oder Mutter sind vermutlich eine Tochter dieser Generation. Das bedeutet für uns, dass wir sehr viel von dieser Einstellung und Erziehung abbekamen. Bewusst und unbewusst. Jungen wurde Konkurrenzdenken und Durchsetzungsfähigkeit beigebracht. Mädchen wurde gesagt, sie müssten familiär, brav und lieb sein. Immer schön die Klappe halten, einen Knicks machen und Händchen geben. 1970 trugen Mädchen oft Röcke, hatten Haushaltsunterricht, wurden Kindergärtnerin, Krankenschwester, Verkäuferin, allein lebten nur Kriegerwitwen. Frauen *mussten* arbeiten, wenn die Männer zu wenig *nach Hause brachten*, und der Ehemann konnte seine Frau im Betrieb einfach abmelden, wenn sie – seiner Meinung nach – durch die Berufstätigkeit eheliche Verpflichtungen vernachlässigte. Sie können sich dabei alle ehelichen Pflichten vorstellen, die es so gibt: Putzen, Nähen, Kochen, Einkaufen, Kinder erziehen, Kinder gebären und, ganz vorne: Kinder *machen*.

Das damalige Scheidungsrecht schrieb den Frauen eine Menge Pflichten zu und fast keine Rechte. Viele waren nach Beendigung einer Ehe mittellos, was im Klartext hieß, dass Frauen (die oft genug Hausfrauen waren) keine Absicherung nach einer Trennung hatten. Anders formuliert: ohne Ehe keine Lebensgrundlage, in der Ehe viel Unterdrückung. Zumindest in den Ehen, die nicht gleichberechtigt und nicht einvernehmlich waren. Das Scheidungsrecht, das das veränderte, trat 1976 in Kraft. Die »Hausfrauenehe« war zu Ende, das »Partnerschaftsprinzip« begann. Die zuvor gesetzlich geregelte Aufgabenteilung von Mann und Frau wurde für beendet erklärt, Mann und Frau hatten fortan gleiche zu erfüllende Pflichten und Rechte. Das bisherige Verschuldensprinzip wurde in ein Zerrüttungsprinzip verwandelt, nach dem ungeachtet des Verschuldens einer Trennung der wirtschaftlich stärkere Partner dem wirtschaftlich Schwächeren Unterhalt zahlen musste. Darüber hinaus wurden jetzt geschiedene Frauen und Männer an den in der Ehe erworbenen Pensions-, Renten- und Lebensversicherungsansprüchen beteiligt, es entstand der Versorgungsausgleich. Dieser betraf hauptsächlich Frauen, er machte sie frei, und endlich konnten sie auch nach einer Scheidung für sich planen. Zuvor war eine Trennung manchmal unmöglich. Mann weg. Haus weg. Kinder weg. Erspartes weg. Keine Ausbildung. Keine Zukunft. Es genügte, dafür zu behaupten: Sie kommt ihren ehelichen Pflichten nicht nach.

»Was erzählt Ihnen das?«, frage ich Anne.
»Dass die Frauen es vor dem Gesetz schwer hatten«, antwortet sie.
»Und dass es besser war, die Klappe zu halten. Augen zu und durch. In die innere Emigration gehen, weil was anderes nicht möglich ist, ja, sogar gefährlich. Diese Frauen konnten anderen Frauen nicht beibringen, laut und fordernd zu sein. Sie konnten es ja selbst nicht leben.«
»Mmh, schon.« Anne versteht noch nicht ganz.
»Die Mütter Ihrer Generation sind Töchter von Müttern, die teilweise noch unfrei waren. Zeitlich betrachtet ist das ein Katzensprung zu heute.«

Unsere Mütter und Großmütter hatten allen Grund, sich anzupassen und den Mund zu halten. Und sie gaben uns dieses »Wissen« weiter, indem sie uns Zurücknahme vorlebten und beibrachten, was sich für ein Mädchen *schickt und was nicht*. Forderungen, Grenzen, Selbstrespekt waren in diesem Katalog nicht vorhanden. Viele Frauen dieser Zeit stammten darüber hinaus aus Familien mit einer Flüchtlings- und Vertriebenenvergangenheit. Ihre Mitglieder sind ebenfalls häufig eher zurückhaltend und angepasst, da mit dem Verlust der Heimat auch Schutz und Gemeinschaft verloren ging und sie sich nicht unbedingt willkommen und angenommen fühlten. Das gilt für die Generation des Zweiten Weltkriegs, aber auch für alle Betroffenen der Kriege danach. Um sich auszubreiten und auszuleben, braucht es aber Sicherheit und das Gefühl eines Daseinsrechts. Weder unsere Vorfahren noch die heutigen Migranten oder Geflüchteten fühlten und fühlen sich willkommen. Man weiß mittlerweile, dass die leidvolle Erfahrung, nicht erwünscht zu sein und besser zu schweigen und sich anzupassen, um nicht aufzufallen, auch im System der nachfolgenden Generationen nachschwingt. So kann es durchaus sein, dass der Wunsch, gemocht und geliebt zu werden, zum Teil mit unserer Familiengeschichte zu tun hat. Es ist ein Zusammenspiel, ein Cocktail, und es ist unsere Aufgabe, die Zutaten zu bestimmen. Was ist unser Anteil daran? Was ist der Familiengeschichte zuzuordnen? Was ist Teil von dem, was man weibliches Leben auf diesem Planeten nennt?

»So betrachtet«, Anne legt den Kopf schief, »fangen wir gerade erst an, aufzustehen und uns für uns einzusetzen. Es stimmt, viele Frauen zeigen sich nicht wirklich. Männer haben sich immer gezeigt. Kein Wunder, dass das so wirkt, als wären sie alle mega-selbstbewusst.«
»Sie hatten bereits UrurururGroßväter, die das vorlebten und mitgaben. Das bewirkt ein ganz anderes Selbstverständnis.«

Wir lernen nicht nur durch uns selbst, sondern von all den Frauen, die auf diesem Planeten sind. Die Klappe zu groß aufzumachen, ist in vielen Ländern dieser Welt lebensgefährlich. Nachts durch dunkle Gassen oder Parks zu gehen – selbst wenn Sie das nicht machen, wird es Sie gruseln, weil wir wissen, was passieren kann. Vielleicht haben

Sie schon vom Orange Day gehört, dem internationalen Tag zur Beseitigung von Gewalt gegen Frauen. Klingt etwas schräg, heißt aber so. An diesem Tag wird auch alljährlich ein Resümee gezogen, wie es um die Sicherheit von Frauen in Familie und Gesellschaft steht. 2021 war das Ergebnis, dass jede dritte Frau ein Opfer von Gewalt wurde. Wir können uns vielleicht sagen: »Das passiert mir nicht!« Aber unsere Seele fragt: »Bist du dir sicher? Wenn so viele davon betroffen sind?« Möglicherweise entschließt sich frau allein durch die Kenntnis dieser Statistik: besser mal lieb sein und hübsch lächeln!

»Lieb sein« zieht sich als Begriff durch Frauenleben

Die frühere und gefühlte Abhängigkeit von Frauen und dieses undefinierte und in den Raum gestellte »lieb« sind heute mit dafür verantwortlich, dass Frauen sich selbst nicht definieren und ständig in andere Köpfe hineindenken. Das beharrliche Nachfragen, das Nachhaken, die Stellungnahmen und Abgrenzungen wurden uns nicht beigebracht. Und aufgrund der Geschichte konnten wir es uns auch nicht abschauen, weil es – bis vor einigen Jahren – einfach zu wenige Frauen in der Öffentlichkeit gab, die uns als Role Model hätten dienen können. Es war kein Wunder, dass Pippi Langstrumpf solch eine Popularität erlebte. Wäre es nach den ersten Rückmeldungen gegangen, wären die Bücher niemals erschienen, da viele das aufmüpfige Mädchen als eine Gefährdung sahen.

Egal welche Begründung wir auch heranziehen, Menschen sind in dem Moment des Liebseins nicht mit sich, sondern mit den Bedürfnissen, den Wünschen und Eigenarten der anderen Menschen beschäftigt. Selbst die jungen Studentinnen von heute, die ich vor einigen Jahren auf ihrem Weg begleitet habe, zeigten noch viel von dem Verhalten, das man als *fleißig, zurückhaltend, lieb und bescheiden* beschreiben kann. Ihre Leistungen waren beachtlich, aber sie gingen damit nicht *hausieren*. Eine Menge Frauen also, besonders die, die in meinem Alter sind – ich bin Jahrgang 1960 –, können sich noch gut daran erinnern, dass man auch als Kind den Auftrag hatte, lieb zu sein. Welche genauen Merkmale dieses liebe Verhalten auszeichnete, wurde in der Regel nicht genauer definiert. Das machte die Sache doppelt schwierig. Sie können kein Ziel diskutieren oder verfolgen, das unklar ist. Das ist, als versuche man einen Pudding an die Wand zu nageln. Wenn bei solchen *Liebsein*-Nummern überhaupt etwas klar ist, dann das, dass die Gefahr danebenzuliegen gewaltig groß ist, denn jeder versteht unter *lieb sein* etwas anderes. Als Kind erkundigt man sich aber nicht, sondern agiert blind drauflos. Ist man lieb, wenn man Blumen pflückt? Oder Hausaufgaben macht? Einkauft? Auf Geschwister aufpasst? Herrje, alles und nichts ist möglich – das bedeutet auch, dass man mit dem lieben Verhalten nie sicher sein kann.

Um zu zeigen, dass ich ein liebes Mädchen bin, wollte ich meiner Mutter eine Freude machen und malte alle Holzkochlöffel an, verpasste ihnen Gesichter, Mützen und Schals und schuf eine kleine lustige Gemeinschaft. Das war nicht lustig und nicht lieb! Diese Lektion lernte ich am Abend, als meine Mutter nach Hause kam. Möglicherweise hätte eine andere Mutter mein künstlerisches Talent erkannt; gut möglich, dass andere Mütter überlegt hätten, ob es mir an Bastelmaterial mangelt. Und dann hätte es auch noch die gegeben, die gedacht hätten: Also, schön isses nicht, aber ich tu mal so als ob, weil ich lieb sein möchte. ;-)

Das bedeutet, dass wir mit unserem angepassten Verhalten nicht immer das Ergebnis erhalten, was wir anzielen.

»Stimmt«, meint auch Anne. »Ich eiere damit manchmal richtig herum. Schaut mich jemand schräg an, fange ich an nachzudenken, ob ich wohl etwas falsch gemacht oder mich falsch ausgedrückt habe. Ich werde unsicher und versuche extrem höflich zu sein, damit ich die Verärgerung oder Irritation, die ich meine zu verspüren, vielleicht etwas ausgleichen kann.«

»Was machen Sie dann genau?«

»Meistens biete ich etwas an. Einen Kaffee, einen Keks. Oder ich übernehme, wenn es im Büro passiert, irgendeinen kleinen Gang, eine Aufgabe.«

Das kann je nach Situation zutreffen, muss es aber auch nicht. Denn wieso ein anderer Mensch grimmig dreinschaut, werden wir durch Spekulieren nicht erfahren.

»Wenn Sie befürchten, dass andere Menschen sich über Sie geärgert haben, dann fragen Sie nach, sprechen Sie darüber.«

»Ich trau mich nicht. Ich fürchte mich vor der Abfuhr.«

»Wird es besser, wenn Sie Kaffee und Nougathörnchen bringen?«

Anne schüttelt den Kopf.

»Verstehen Sie mehr?«

Anne schüttelt weiter den Kopf.

»Macht es Sie respektabel, groß und stark?«

»Auf keinen Fall!«

Es geht manchmal sehr schnell und ohne dass wir es bewusst steuern oder merken: jemand rümpft die Nase, legt die Stirn in kritische Falten und schon beziehen wir diese Körpersignale auf uns selbst. Was hab' ich denn jetzt schon wieder gemacht? sind dann Gedanken, die gern folgen. Es kann sein, dass ein Mensch gerade kritisch denkt, aber es kann auch einfach sein, dass er oder sie die Nase rümpft, weil sie juckt. Oder die Haut sich über den Augen einfach wellt. Sich von Interpretationen leiten und blockieren zu lassen, hat zur Folge, dass Fantasien unser Handeln bestimmen. Fragen Sie nach. Erkundigen Sie sich – und bleiben Sie präsent. Präsent zu sein, das bedeutet, mit ganzer Aufmerksamkeit im Geschehen zu sein. Keine inneren Monologe, keine inneren Dialoge, keine inneren Beschimpfungen, kein inneres Spekulieren und kein Fantasieren.

> ## Werden Sie präsent!
>
> Wenn Sie ganz präsent sind, sitzen Sie gerade, Ihr Blick ist beim anderen, Sie verkörpern Konzentration, Ihre Mimik ist offen. Wir lächeln wahrhaftig und die Stimme sitzt. Das ist die richtige Haltung, um etwas neutral zu besprechen oder zu verhandeln. Denn es kann durchaus sein – meist ist das die Antwort im Großteil der Fälle –, dass der andere gar kein Problem mit Ihnen hatte, sondern einfach in Gedanken oder auf eine andere Sache fokussiert war.

Erkundigen Sie sich, bevor Sie davon ausgehen, sich falsch verhalten zu haben und mit der Keksdose anrollen, um gut Wetter zu machen. Im Übrigen sind Kekse nicht immer eine Lösung, manchmal hilft einfach Klärung (und ein Keks danach). Wenn alles bereinigt ist, dann gibt es ein Lächeln. Diesmal wird es nicht hilflos oder verunsichert, sondern voller (Selbst-)Respekt und damit verbindend sein.

Selbst wenn ... Sie müssen nicht alles annehmen

Nicht jeder, der etwas zu Ihnen *meint* oder gar bekundet, er wolle Ihnen eine Rückmeldung oder ein Feedback geben, tut dies auch wirklich. In vielen Fällen wird man eher mit einem »Fiesback« belästigt. Fiesbacks sind überheblich und haben oft die Funktion von Retourkutschen und Machtgehabe. Sie sind fies, weil sie im Mäntelchen des Feedbacks daherkommen, aber keines sind. Ein Feedback ist erbeten, überlegt, wohlwollend, mit konkreten Beispielen oder Anlässen versehen und lösungsorientiert. Kommt Ihnen jemand mit: »Kann ich dir mal eben ein Feedback geben?«, schütteln Sie am besten gleich den Kopf. In der Regel hält das ein Fiesback aber nicht auf. Es sprudelt förmlich aus dem anderen heraus. »Ich wollte dir nur sagen, mir passt es nicht, wie du dich benimmst.« Erbeten? Überlegt? Wohlwollend? Respektvoll? Mit Beispielen versehen? Lösungsorientiert? Schlupfen Sie nicht in diese Schuhe. Entweder Sie besprechen es oder Sie zucken die Achseln und verlassen die Situation. Als selbstsicherer Mensch werden Sie aber vermutlich sagen: »Wir können gerne darüber sprechen. Bitte bringe drei Beispiele und drei Lösungen vor.« Damit sollte der Fall erledigt sein, wenn es sich um ein Fiesback handelt. Im anderen Fall gehen Sie jetzt in den Gesprächsmodus über.

> ### Gegen Fiesbacks wehren
>
> Sich selbst zu respektieren, heißt, bei sich zu bleiben und sich solchen Überfällen nicht auszusetzen. Sie bestimmen mit, wie gesprochen wird. Sie bestimmen auch den Inhalt mit. Es gibt nichts, dem Sie sich einfach anpassen müssen, und es ist ein Wagnis, sich auf Körpersprache oder Mimik eines anderen auszurichten. Ab diesem Moment werden Sie von Interpretationen dominiert. Fragen Sie nach, erkundigen Sie sich: »Nur um meine Wahrnehmung zu überprüfen, bist du schlecht gelaunt?« Sie ahnen zwar, das bringt dasselbe Echo wie: »Hast du schlechte Laune?«, aber immerhin, es kommt etwas in Fluss und ist allemal besser als lieb lächeln.

»Da brauche ich noch ein bisschen«, findet Anne. »So selbstsicher bin ich noch nicht.«

»Sie sind nicht so selbstsicher, weil Sie erst jetzt beginnen das Spiel zu durchschauen und weil das die Frauenkrankheit ist. Mädchen bekamen von jeher gesagt, wie sie zu sein haben. Die Farbe Rosa ist kein Gen. Wir werden nicht als Püppchen geboren, sondern zu Püppchen gemacht – um das allseits bekannte Zitat etwas abzuwandeln. Alle die,

die nicht in das Schema passen, fühlen sich immer mal wieder – mal mehr, mal weniger – falsch. Unpassend.«

»Ich suche nach Vorlagen.«

»Und Sie finden viele. Außerdem: Es gibt keine Vorlagen für Sie, wenn Sie sich selbst respektieren. Der Entwurf, die Vorlage, die Strategie sind Sie! Weitere Ideen sind willkommen. Aber Sie entscheiden nicht nur über Ihr Leben, sondern auch, als welche Art von Persönlichkeit Sie es leben.«

Heraus mit der Sprache!

»Es ist nicht so, dass ich es nicht merke.« Anne atmet hörbar aus. »Ich kann auch nicht beschreiben, was genau mich davon abhält, konsequent, sagen wir mal, meine Meinung zu vertreten. Wenn ich beim Mittagsessen mit einem Kollegen etwas Dienstliches thematisieren will und er, obwohl er das weiß, einfach noch eine Kollegin mitbringt, dann schaffe ich es nicht, ihm gegenüber zu äußern: »Hör mal, das ist jetzt ungeschickt, wir wollten etwas besprechen, das vertraulich ist.« Ich gehe – also ich ging – mit ihm und der Kollegin essen. Es hat mich furchtbar geärgert, weil ich auf diese Dreierkonstellation überhaupt keine Lust hatte. Aber noch mehr hat es mich gefuchst, dass ich nichts sagte oder mich zurückzog. Das wäre ja auch noch eine Alternative gewesen. Nein, ich dackelte mit, und die Krönung war, dass ich für uns drei auch noch den Kaffee holen ging und das, obwohl man an dieser dämlichen Kaffeemaschine ewig in der Schlange steht, zum Warten verdammt. Denn natürlich holen nach dem Essen alle Kaffee und das für ganze Tische.«

Danke, Anne. Das sind die Geschichten, die ich kenne. Scheinbar harmlose Momente, die einen aber innerlich zum Kochen bringen.

»Ich hätte ihn an die Verabredung erinnern oder mich zurückziehen können. Zu beidem war ich nicht in der Lage. Es war, als säße meine Mutter in meinem Kopf: *Das macht man nicht! Das ist unhöflich! Sei freundlich und kollegial!* Als Resultat hatte ich schlechte Laune, und das dienstliche Thema war noch immer nicht gelöst.«

Sie legt den Kopf schief.

»Da fällt mir noch etwas ein.« Anne kneift ein bisschen die Augen zusammen, so als könne sie sich dann besser erinnern, besser sehen. »Ich glaube, ich habe nichts gesagt, weil ich befürchtete, dass man mich als anstrengend empfindet und dass ich dann später dafür büßen muss. Der Kollege ist nicht besonders zuverlässig. Meine Vermutung war, dass er mich zur Strafe hängen lässt und ich den Zahlen, die ich von ihm brauchte, dann hinterherrennen kann. Ich hatte gedacht: Kurzes schmerzloses Essen und danach: *Denkst du bitte noch an die Zahlen!*«

»Oh, sogar mit Ausrufezeichen!«, erkundige ich mich gespielt verwundert.

»Nein. Mit Fragezeichen. *Denkst du bitte noch an die Zahlen?*«

Nur mal so nebenbei, falls Sie diese Strategie auch gelegentlich verfolgen. In den meisten Fällen bringt das nichts. Zumindest nicht bei Männern. Die kennen den Zungenschlag von ihrer Mutter. *Räumst du bitte noch dein Zimmer auf?* Das wird nix. Männer reagieren eher auf einen Trainerton: »Hey, Nerd, kicken!« Sie müssen ja nicht dieses Wort verwenden, aber die Kürze und Pointierung des Satzes sind perfekt.

»Mhmm – wie soll ich das sagen? Hey, Zahlen, bitte!«

Ja, das ist nicht so elegant. Aber wie wäre es anstelle der Frage (*Denkst du bitte noch an die Zahlen?*) mit einer Aussage: »Danke jetzt schon für die Zahlen!« Oder cowboymäßig mit dem Fingercolt auf ihn zeigen, dann: »Zahlen her!« sagen und anschließend mit dem Zeigefinger den imaginären Colt auspusten. Das ist witzig, aber da in jedem Spaß auch Ernst steckt, wird der Kollege es schon decodieren können.

»Letztendlich müssen Sie es entscheiden, da Sie ja Ihren Kollegen kennen, aber mit ›Bitte, bitte‹ schwächen Sie eher Ihre Position.«

»Warum hat man mich nur so anders erzogen? Dieses brave Händchengeben und Lächeln und Dankesagen – das sitzt mir in den Knochen, als wäre es dort hineingegossen!«

»Nur um meine Neugier zu befriedigen: Haben Sie die Zahlen bekommen?«

»Ich wollte freundlich, lieb, gefügig sein. Boah!« Jetzt wird sie richtig sauer. »Die Zahlen hat er bis jetzt noch nicht geschickt! Das kotzt mich vielleicht an!«

Sich zu übergeben, erleichtert den Magen, bringt einen aber auch nicht viel weiter. Damit wir respektiert werden, braucht es einfach einen Strauß an Maßnahmen:

- Ein Wahrnehmen
- Ein Entscheiden
- Ein Entschluss
- Ein Neu-Denken
- Ein Neu-Auftreten

Damit wir Selbstrespekt fühlen und Respekt ernten, benötigt es verschiedene Facetten. Ich möchte hier gar nicht von Eigenschaften reden, sondern eher von Grundlagen, Farben und Möglichkeiten. Das Wort »Eigenschaft« hat für mich etwas sehr Festgelegtes. Das klingt so nach: in Stein gemeißelt. In der Realität geht es aber auch hier um Reflexionen und Entscheidungen. Welche Emotion, welche Erfahrung und welches Verhalten benötigen Sie, um die Sicherheit zu spüren, die Selbstrespekt mit sich bringt und Respekt einfordert? Und was gibt es zu verabschieden? Wie wir uns selbst in der Welt erleben, ist viel von vergangenen Erfahrungen geprägt und von Erlebnissen, in denen wir uns unwichtig, unsicher und innerlich klein fühlen. Die damit verbundenen Emotionen lassen sich nicht wegschieben, aber sie lassen sich verabschieden, und zuweilen lösen sie sich auch wie ein Trugbild von allein auf. Nun kann das wachsen, was man Selbstbestimmtheit nennt.

Wer waren Sie, bevor die Welt Ihnen sagte, wie Sie sind?

Um herauszufinden, warum man selbst zu leise, zu laut, zu hilfsbereit, zu gefügig oder zu freundlich ist, hilft ein Blick in die eigene Kindheit. In aller Vorsicht und in aller Fürsorglichkeit sich selbst und dem Umfeld gegenüber. Denn eines ist klar, auch die anderen sind vermutlich von dem Liebsein-Virus infiziert und tun alles für Anerkennung oder Liebe. Wir sind uns alle viel ähnlicher, als wir denken.

»Schauen wir in die Zukunft«, schließe ich die Sitzung mit Anne ab. »Es gibt da eine schöne, weibliche Übung. Die Seerose …«

Die Seerosenübung

Stellen Sie sich vor, Sie wären eine Seerose und könnten dieses Blühen auf Ihr Leben übertragen.
Was hält Sie in der Tiefe? Wie beweglich sind Sie? Auf welche der anderen Rosen bewegen Sie sich zu und wer darf Ihnen nahe sein? Was lässt Sie aufrecht schwimmen? Welche Sonne lockt Ihre Blüte? Was nährt Ihre Wurzeln und welche Farben möchten Sie entfalten?

3
Idiotität, bye-bye

Annes Seerose machte deutlich, dass sie noch einige Wurzeln in ihrem Elternhaus hat. Sie empfand aber, dass diese Wurzeln ihr kaum Halt gaben, es war vielmehr so, als würde sie mit den Füßen im Schlamm feststecken.

»Je mehr ich versuche mich zu bewegen, desto mühsamer scheint es mir. Meine Eltern hatten einen Katalog von Ansichten, was man macht und was nicht. Sehr bürgerlich, aber auch sehr einengend. Sie leben damit gut bis heute, und ich kann es ihnen lassen. Bei mir hat es jedoch dazu geführt, dass ich mich unsicher fühle. Wenn ich für mich etwas bestimmen will, drehe ich mich dreimal um, ob sich auch ja niemand an meiner Entscheidung stören könnte.«

Bei Annes Mutter wird solch ein Verhalten unter anderem als Nächstenliebe deklariert. Nächstenliebe ist natürlich ein so heiliger Begriff, dass einem die Spucke vor Ehrfurcht im Hals stecken bleibt. Wer will schon als asozial, unfreundlich, geizig oder gefühllos eingeordnet werden. All das ist man doch, wenn man nicht nächstenliebend ist.

»Ich merke gerade, dass ich strauchle«, sage ich und beuge mich ein bisschen zu Anne vor. »Was versteht Ihre Mutter unter Nächstenliebe? Ich habe bereits begonnen zu interpretieren, und das finde ich bei mir nicht gut.«

»Nachgeben und abgeben, das ist für sie nächstenliebend.«

Okay, das ist es, glaube ich, nicht allein.

»Und was ist mit: Gib mir keinen Fisch, sondern lehre mich das Angeln?«

»Nein!«, schüttelt Anne vehement den Kopf. »Das ist doch kein Auftritt wie nach der Kirche! Ich bitte Sie! Man geht raus, gibt etwas in den Klingelbeutel, schweigt, nickt einander zu – auch wenn man sich nicht mag – und ist damit ein guter Christ und guter Bürger.«

Anne hat sich zwar gegen diese Form der Bürgerlichkeit und des Christenverständnisses immer gewehrt, aber tief in ihrem Inneren ist durch die Dauerberieselung im Elternhaus dennoch ein Regelkatalog entstanden. Sie versucht diesen Katalog nicht zu beachten, opponiert sogar dagegen, aber er wirkt durch den Buchrücken hindurch – wie ein geschlossenes Buch im Regal. Wir wissen nicht mehr umfassend, von was es handelt, aber das, was wir damit verbinden, genügt, um uns gewissermaßen von innen zu navigieren. Bei Annes Eltern-Brockhaus passt freilich eher: *gewissenmaßen*. Manchmal haben wir gar keine Inhalte mehr präsent, aber eine Idee, was es sein könnte. Diese Vorstellung wird dann Realität. Wir sind dann überzeugt davon, dass unsere Annahme stimmt.

Ich dachte zum Beispiel noch sehr lange im Erwachsenenalter, dass meine Eltern, obwohl sie sich nicht sehr mochten, mit mir, dem Einzelkind, Weihnachten feiern wollen. Weihnachten stand außer Frage. Allein den Wunsch in den Raum zu stellen, endlich mal mit anderen unter dem Tannenbaum und nicht mit diesen unglücklichen Eltern am Tisch zu sitzen, war ein Frevel für mich. Weihnachten ist Familie dran, auch wenn es keine ist. Ich *konnte*, ich *durfte* sie *nicht* alleine lassen, ja nicht einmal darüber nachdenken. Es wird sie so verletzen, dachte ich, wüssten sie, dass ich diesen Tag mit anderen verbringen will. Dann schenkte mir der Lauf der Dinge eine Möglichkeit, sie zu fragen. Und siehe da: Sie waren erleichtert, dass sie diese Tage nicht mehr gemeinsam feiern mussten. Sie fanden es nämlich genauso anstrengend wie ich. Meine Mutter bereitete ihren Braten zu und gab ihn mir als Geschenk für das Weihnachtstreffen mit Freunden mit. Das machte sie in der Folge dann viele Jahre so.

Wir fragen zu wenig.
Wir nehmen an.
Wir schlussfolgern.
Wir prüfen leider nicht nach.

Es geht uns auch in anderen Begegnungen und Dingen so, dass wir felsenfest annehmen, etwas zu *wissen*. Ich erläutere das immer gerne mit einem Test: Fassen Sie für sich doch mal kurz das Märchen »Hänsel und Gretel« inhaltlich zusammen. Wo spielt das Ganze? Wie war der Anfang? Was ist da passiert? Und: Wie ging das Märchen aus? Wie wurden die Kinder gerettet?

Wenn ich dies in Seminaren frage, sind die Teilnehmenden oft richtig irritiert. »Hänsel und Gretel«, das kennt doch echt jeder! Und jede und jeder der Teilnehmenden geht absolut davon aus, die wichtigsten Szenen des Märchens aus dem Effeff zu kennen. Aber dann – mmmh – wie war das noch mal mit der Hexe und dem Ofen? Wie sind die Kinder freigekommen? Da war doch die Situation mit dem Stöckchen. Sind Sie schon so weit? Wie mindestens hundert vor Ihnen? Beim Stöckchen? Damit kommen die meisten, und ich muss dann immer kichern. Ah, Anne ist so weit, ich habe ihr das Rätsel auch aufgegeben.

»Der Hänsel saß in seinem Käfig, und Gretel reichte ihm das Stöckchen«, so auch Anne. »Nein, er hatte ein Stöckchen!«

Das Stöckchen, das Stöckchen …

»Und weiter?«

Sie weiß es nicht. Also gut, ja, es kommt ein Stöckchen in dem Märchen vor. Das Stöckchen hat zwar einen kleinen prominenten Auftritt, aber es befreit die Kinder nicht. Lesen Sie es nach oder hören Sie mir zu, ich habe den Schluss des Märchens gesprochen und schicke Ihnen diesen kleinen Gruß per Datei gerne zu, wenn Sie mir mailen.

Wichtig ist für mich – bei diesem Beispiel –, dass wir merken, wie überzeugt wir von etwas sein können. Fast jeder Erwachsene, der mit den Märchen der Gebrüder Grimm aufgewachsen ist, meint, »Hänsel und Gretel« auswendig zu kennen. Im Schlaf. Und dann das: das Stöckchen, das Stöckchen. Falls Sie das Märchen richtig erinnerten, fragen Sie jemand anderen. Irgendjemand wird mit dem Stöckchen kommen, da bin ich mir sicher.

Die Erfahrung zeigt, wir kennen das Märchen eben nicht mehr, zumindest nicht alle Passagen. Wir müssen nachfragen, nachhören, nachlesen. So ist es mit vielen Dingen, die wir mit der Kindheit verbinden, was wir erinnern und interpretieren. Wenn wir wachsen wollen, müssen wir das, was wir glauben, prüfen und an das anpassen, was ist.

»Auf gewisse Weise macht das ja auch frei«, meint Anne. »Wenn ich das so betrachte, gelange ich zu dem Schluss, dass ich sehr viel nur annehme, was andere von mir erwarten. Auch was meine Familie von mir erwartet. Ich weiß es aber nicht. Also bin ich wohl mit dafür verantwortlich, dass ich so viele Erwartungen und Bedingungen empfinde?«

Das klingt mir nun zu hart.

»Lassen Sie es mich so formulieren: Sie haben das in bester Absicht getan. Aber welche Absicht war es?«

»Ich wollte gemocht werden, aber auch die Welt ein bisschen freundlicher machen.«

»Es ist immer besser, genau nachzufragen. Auch wenn man die Welt freundlicher machen will. Vielleicht sogar besonders dann. Sie kennen die Geschichte mit den halben Brötchen?«

»Nein.« Sie lacht. »In meinen Märchenbüchern gab es keine Geschichten von halben Brötchen.«

»Nun, ich bekomme sie auch nicht mehr so ganz zusammen, ich glaube die Geschichte stammt aus einer Sammlung des Autoren Nossrat Peseschkian. Ich meine es war *Der Kaufmann und der Papagei*. Wie auch immer, die Geschichte ist eine wunderbare Metapher dafür, dass die beste Absicht oft daneben zielt. Eine junge Klientin beschrieb das mal mit *Gut – Gut gemeint – Scheiße*.«

Dir zuliebe

Ein Ehepaar feiert goldene Hochzeit. Beim gemeinsamen Frühstück sagt die Frau: »Mein lieber Mann, seit fünfzig Jahren gebe ich dir jeden Tag beim Frühstück das knusprige Oberteil des Brötchens, weil du es so gerne isst. Heute, an unserem Jubeltag, würde ich, natürlich nur ausnahmsweise, das Oberteil gerne selber essen.« »Ach nee«, amüsiert sich der Mann, »seit fünfzig Jahren verzichte ich auf das Unterteil, weil ich davon ausging, dass du es lieber magst!«

Sich zu erkundigen, ins Gespräch zu gehen, nachzufragen, befreit uns von den eigenen Fesseln. Auch die aus der Vergangenheit. Diese Frau, fünfzig Jahre verheiratet, hatte die Ehe noch zu anderen Bedingungen geschlossen. Vielleicht schlossen die ehelichen Pflichten den Verzicht auf das Oberteil mit ein. Es wundert mich nicht, dass ich über Annes Seerosenblättern lesen kann: »Selbstbestimmung, Selbstverwirklichung, Wachstum.« Sie möchte frei werden, auch von sich selbst und von alten Selbstverständlichkeiten. Die, die andere haben, und die, die sie empfindet und wahrnimmt.

Und Anne möchte sich beruflich entwickeln. Ihre Seerose gibt auch kund, dass sie in Aufgaben feststeckt, die keine Möglichkeiten und kein inhaltliches Wachstum mehr bieten. Das hat unter anderem damit zu tun, dass Anne nichts fordert. Sie wartet Jahresgespräche ab und lässt sich dann von Möglichkeiten erzählen. Hakt nicht nach, fixiert nichts, wartet ab, lässt sich vertrösten. Sie selbst bringt sich in diese Gespräche nur vage ein, fordert nichts und stellt wenig Fragen. Und wenn sie um etwas bittet, klingt das so, als stünde sie in einer Konditorei und würde sich nach diesem oder jenem Törtchen erkundigen. Auf einmal ist das Gespräch vorbei, und Anne kann wieder warten. Im ungünstigsten Fall ein Jahr.

»Ich bin in der Arbeit super engagiert«, berichtet Anne weiter. »Aber das bedeutet nicht, dass ich auch geachtet bin. Sie nennen mich die *Seele des Teams*. Ich übersetze das inzwischen mit: Ich bin euer Trottel. Als meine Vorgesetzte mich einem neuen Kollegen vorstellte und Anlauf nahm, um zu erklären, wer ich sei und was ich mache, kam irgendwas in Richtung Eierlegende Wollmilchsau heraus. Sie konnte mich nicht mal vorstellen, mein Arbeitsfeld nicht beschreiben, kannte meine Aufgabe nicht genau!« Anne schaute mich erschüttert an. »Nach fünfzehn Jahren! Ihr fiel nicht mehr zu mir ein, als dass ich die Einzige bin, die verlässlich den Kühlschrank in der Teamküche reinigt. Und als beruflichen Beitrag erinnerte sie sich an ein Projekt, das mehrere Jahre zurückliegt. Ich bin eine Springerin geworden. Ich springe für andere ein und in anderen Leben herum, aber meinen Platz hab ich verloren.« Pause. »Ich weiß nicht, was ich sagen soll. Jetzt, wo ich Ihnen das beschreiben will, fehlen mir die Worte.«

Stille.

Die ist gut. Denn wenn wir in Kontakt mit uns selbst kommen, dann braucht es diesen Moment der Innensicht und das Erkennen: *Ja? Verdammt! Scheiße! Wo bin ich denn gelandet? Das hab ich nicht gewollt! Das hab ich echt nicht gewollt.* Oder wie Boy George mal diesen Moment beschrieb: »Ich will mein schönes Leben zurück!«

Welche Worte uns auch immer kommen, es sind Worte des Aufbruchs, und es ist genau der Moment, in dem wir uns die Augen reiben, uns im Spiegel entdecken und entschließen: »Schätzchen, ich hab dich da reingebracht, Schätzchen, ich bring dich da auch wieder raus!«

Selbstrespekt will, dass wir entscheiden und wissen, wohin sich etwas entwickeln soll. Als Ihre eigene Komplizin. Als beste Freundin an Ihrer Seite. Sie sind Ihre eigene Mentorin. Wenn Sie nicht formulieren können, was Sie möchten, werden Sie von anderen irgendwohin gesteuert. Vermutlich in die Richtung, wo es für andere praktisch ist. Es gibt nur ganz wenige Vorgesetzte, die sich tatsächlich über die Fähigkeiten ihrer Mitarbeiterinnen und Mitarbeiter Gedanken machen.

Vorgesetzte sind Menschen, die bei sich selbst schauen müssen, wie es mit den eigenen Fähigkeiten und der Karriere weitergeht. Dabei sind besonders die Mitarbeiter hilfreich, die funktionieren und an der Stelle bleiben, an denen sie für die eigenen Zwecke möglichst nützlich sind.

Als ich Anne fragte, welche beruflichen Fähigkeiten sie bei sich sieht, kommen die Antworten, die 97 Prozent aller Frauen mitten in der Nacht auswendig und mit geschlossenen Augen rezitieren könnten: »Ich kann gut organisieren. Gut planen. Ich bin eine gute Teamplayerin. Ich kann anderen Mut machen. Gut zuhören.«

Gut zuhören wird übrigens meist als Erstes genannt, als ob das ein Wirkungswort für berufliches Wachstum – außerhalb der Telefonseelsorge – wäre. Nach meinem inneren Farbkasten beschreibt sich Anne damit als Töpfchen: quadratisch, praktisch, graue Maus. Das ist nicht stimmig, denn vor mir sitzt eine Frau mit Ausstrahlung und auch eine, der man gar nicht ansieht, dass sie innerlich etwas zurückhält, dass es etwas gibt, mit dem sie hadert. Dem will ich auf den Grund kommen, und ich weiß, bloße Fragen helfen da nicht weiter. Also: Lasst Bilder sprechen!

»Wenn Sie ein Gemälde wären, was könnte ich darauf sehen?«, frage ich Anne, um ein bisschen mehr darüber zu erfahren, wie sie sich selbst erlebt. Das können Sie gerne gleich mitmachen, wenn Sie möchten.

Wenn ich ein Gemälde wäre ...

Lehnen Sie sich zurück, schließen Sie kurz die Augen und fragen Sie sich das selbst. Sind Sie ein Rubens, ein abstraktes Gemälde, sind Sie farbenprächtig oder schwarz-weiß? Wenn Sie ein Bild wären, welche Art von Kunstwerk wären Sie?

Auch ich habe diese Übung schon viele Male gemacht. Das letzte Mal war ich keine Person, sondern ein Naturbild. Ein Apfelbaum mit Früchten, aber im Frühling. Das passt nicht? Alles passt! Offenbar möchte ich etwas geben und stehe gleichzeitig in einem bestimmten Frühling. Es ist schön, darüber nachzudenken, denn ich erzähle mir dadurch etwas von mir selbst.

Bei Fragen dieser Art melden sich die inneren Bilder zumeist spontan und geben uns Einblicke in die Seele. Wenn wir etwas hinter uns lassen wollen, ein altes Muster sprengen, zeigen uns innere Bilder, an welcher Stelle wir mit Reflektieren beginnen können. Viele der Bilder sind sehr kostbar und informativ. Unsere Seele wird es bereitwillig erzählen, wenn wir sie in der Sprache ansprechen, die sie versteht. Die Seele äußert sich nämlich nicht in Buchstaben oder Zahlen, sondern mittels Bilder und Emotionen. Das ist die Sprache, mit der Sie mit sich selbst in Kontakt treten können. Die inneren Bilder zeigen uns auch *das Stöckchen* auf, also die Annahmen, denen wir womöglich eine viel zu große Bedeutung geben. In der Psychoanalyse wird sie benutzt. Im katathymen, imaginativen Bilderleben. In der Hypnose, bei Traumreisen, im Motivationstraining und wenn Sie sich an einen Ort oder in eine Situation träumen, die Sie gerne verwirklichen möchten. Ich werde noch mal darauf zurückkommen und Ihnen und Anne eine schöne Übung geben.

Um Zugang zu diesem Teil unseres Selbst zu erhalten, dienen Bilder, innere Filme, Vorstellungen als Türen. Ihre Seele versteht zum Beispiel keine Stellenausschreibung. Erst wenn Sie sich das Geschriebene vorstellen, also ein Bild oder einen inneren Film daraus machen, werden Sie herausfinden, wie Sie innerlich dazu stehen. Das ist der Grund, warum es in Meditationen und Entspannungsübungen so oft heißt: »Schließen Sie Ihre Augen!« Sie schaffen sich dadurch eine Leinwand. Wer nicht die Augen schließt, schaut für gewöhnlich in eine Zimmerecke oder auf den Boden. Dadurch erklärt sich auch, warum in Beratungsräumen die Stühle schräg zueinanderstehen. Wir kommen nicht in innere Bilder, wenn wir jemandem direkt ins Gesicht blicken. Unsere Augen müssen wandern können, dorthin, wo »nichts« zu sehen, also eine Leinwand ist. Aus dem Privatbereich kennen Sie das auch. Wenn wir intime Gespräche führen wollen, setzen wir uns nebeneinander, vorzugsweise auf eine Bank, oder viele Menschen gehen spazieren. Die Leinwand ist dann der Boden vor unseren Füßen.

»Ich bin kein Gemälde«, sagt Anne und sucht hinter ihren geschlossenen Lidern. Sie schüttelt den Kopf. »Ich glaube, ich bin eher so etwas wie eine Comicfigur!« Das überrascht sie so, dass sie die Augen öffnet und mich ungläubig ansieht. »Genau genommen sehe ich nicht mal die Figur, sondern sehe nur lauter Sprechblasen und meinen Kopf. Entweder redet jemand auf mich ein oder will etwas oder bittet mich oder jammert. Könntest du und würdest du und solltest du. Und dann noch: Mach mal, tu mal, hilf mal, besorg mal, unterstütz mal, unternimm was! Und der Kopf weiß nicht, wohin er sich zuerst drehen soll. Wie ein hysterisch gewordener Brummkreisel! In alle Richtungen, um die eigene Achse, und alles schwätzt und redet auf mich ein!«

Anne scheint nicht mal jetzt genau zu wissen, wie sie sich fühlt. Es muss etwas zwischen amüsiert, hilflos und verzweifelt sein. »Es gab mal einen Film, der hieß: *Frauen am Rande des Nervenzusammenbruchs*. Kennen Sie den?«

Natürlich kenne ich den.

»Ich kann den Inhalt nicht wiedergeben, aber der Titel stimmt irgendwie.«

»Wenn das wie ein Comic ist, was ist dann die Headline?«

»KREISCH!«, erwidert Anne und lacht leicht überzogen. »Kreisch! Bitte sagen Sie nicht, dass das meine Persönlichkeit ist, dass das hier alles ist, was ich finde.«

Wenn ein Mensch das Bild findet, in dem er sich aktuell bewegt – und Sie können mir glauben, das geht ganz schnell –, finden sich auch gleich Worte und Sätze. Die von anderen und die, die diese Frau, dieser Mann zu sich selbst spricht. Meist ist es nichts Gutes.

Anne macht die Augen wieder zu, um noch mal zu dem Bild zu gehen. Es ist eine Schwarz-Weiß-Zeichnung, sagt sie mir. Und nicht nur die anderen wollen etwas von ihr, sondern auch sie selbst.

»In diesem Comic bin ich ganz schön streng mit mir«, bemerkt sie verblüfft. Offenbar hatte sie erwartet, dass sie sich selbst als Opfer sieht und in dem inneren Film tröstend über den Kopf streicht. Mitnichten! Viele Menschen sind sich selbst die härtesten Geschworenen, die es gibt, wenn sie sich im inneren Gerichtssaal gegenüberstehen.

»Ich sage so Sätze wie: ›Hör auf zu jammern! Was ist denn schon wieder? Stell dich nicht so an! Du kannst dich nicht hängen lassen. Die zählen auf dich! Die brauchen dich doch! Nimm dich nicht so wichtig. Reiß dich mal zusammen!‹«

»Können Sie mir sagen, wen Sie mit die meinen?«

»Na ja.« Anne sucht in ihren Gedanken und findet: »Meine Mutter. Mein Bruder. Meine Vorgesetzten. Die Kollegen. Sogar meine Freundin. Und: Alle wollen was von mir.«

Annes Blick ist jetzt gespielt verzweifelt. Ich kann sie mir in ihrem inneren Comic sehr gut vorstellen. Mit so einem verzogenen Zickzackmund und Augen, die wie mit Federn aus dem Kopf springen. Oing! Oing!

»Ich bin in dem Comic ziemlich irritiert. Mein Kopf, der wandert so ganz schnell von links nach rechts und wieder zurück. Kennen Sie diese Zeichnungen?«

Ja, die kenne ich. Einmal hin und zurück und wieder hin und das mit affenartiger Geschwindigkeit. Wie bei einem Vogel, einer Eule, dem Roadrunner. Allein die Vorstellung macht mich schwindlig.

»Wissen Sie«, versucht Anne dem Bild ein Gefühl zu geben, »das ist wie in echt. Jemand will etwas – und ich reagiere. Oder ich drehe mich um die eigene Achse, um auch ja jede Frage, jedes Bedürfnis mitzubekommen. Am besten noch, bevor es jemand sagt. Verrückt! Gerade jetzt fällt mir das auf. Wo kein Problem ist, werde ich schon eines finden. Bescheuert.«

»Wie würden Sie sich gerne sehen?«, frage ich interessiert nach.
»Was für ein Bild möchten Sie gerne sein?«

Die Frage kommt ein wenig beiläufig, ist aber sehr zentral. Wenn Anne nicht weiß, wohin sie will, dann können wir nicht losgehen. Bis jetzt hat sie viel beschrieben, was sie nicht mehr möchte und was vermehrt stattfinden soll, aber ohne Bild wird das nix. Erinnern Sie sich: Die Seele, das Unterbewusstsein orientiert sich an Bildern und inneren Filmen! Es versteht Sie nicht, wenn Sie »selbstbestimmt, respektvoll – auch mir gegenüber« sagen.

Anne schließt wieder die Augen.

»Ich sehe eine Frau – ein bisschen wir ein Gemälde von Klimt. Sie sitzt ganz ruhig da. Ist gut angezogen. Ein gelbes Kleid. Es ist ein sattes, leuchtendes Gelb. Sie schaut mich ganz entspannt an. Irgendwie wissend. Ja. Die Frau weiß, was sie will. Es ist spürbar. Sie braucht keine Sprechblasen, und keiner redet auf sie ein.« Sie schaut mich an. »Das ist ein sehr schönes Bild.« Anne lächelt.

Das unwillkürliche Lächeln

Merken Sie es für sich selbst: Wenn sich auf Ihrem Gesicht das unwillkürliche, glückselige Lächeln einstellt, sind Sie auf der richtigen Spur! Das ist das Zeichen Ihrer Seele, das da heißt: »Hier lang!«

»Kennen Sie diese Frau?«, taste ich mich vor.

»Ja.« Anne nickt. »Das Bild gibt es wirklich. Es hing im Wohnzimmer der Leute, bei denen meine Mutter gearbeitet hat. Als Kind stand ich ganz oft davor, denn ich fand diese Frau so schön. Sie war viel schöner als meine Mutter und so gebildet. Ich habe sie bewundert. Aber, na ja, ich war das Kind der Angestellten.«

»Haben Sie noch Kontakt?«

»Nein, das nicht. Das ist an irgendeiner Stelle auseinandergegangen. Der persönliche Kontakt ist es auch nicht, der fehlt. Das Bild – das sprach zu mir. So wollte ich sein. Wie diese Frau auf dem Bild, aber nicht die Frau in Wirklichkeit. Eigentlich«, sie sieht mich verwundert an, »möchte ich noch immer so eine Frau sein, wie ich als Kind die Frau auf dem Gemälde interpretierte.«

»Und wie wäre das?«

»In mir ruhend. Selbstsicher. Klar. Respektvoll, aber warmherzig. Weiblich. Eine richtige Dame …«

Die Frau auf dem Gemälde wird ganz offensichtlich nicht mit Sprechblasen zugequasselt. Sie ist nicht am Rande eines Nervenzusammenbruchs. Sie gibt den Ton an, allein durch ihre Wirkung.

»Geht man mit dieser Frau gut um?«

»O ja!«

»Und wie erleben Sie sich im Alltag? Wie sind Sie?«

»Meine Identität wieder? Idiotität, das passt eher auf mich.«

Oh, ein neues Wort, denke ich und grinse heimlich. Idiotität. Ich weiß genau, was Anne damit meint. *Everybody's Darling* ist *Everybody's Depp*. Das ist auch so ein Frauenspruch.

Anne ist aber nicht blöd, sondern fürsorglich, umsichtig und bemüht. Sie ist beliebt. Sie ist eine verlässliche Kollegin, liebevolle Mutter, eine gute Partnerin für ihren Mann. Sie versorgt ihre Mutter, mit der sie ein *interessantes* Verhältnis hat, aber zu der sie keine emotionale Verbindung verspürt.

»Wenn meine Familie glücklich ist, bin ich es auch. Wenn es in der Arbeit gut klappt, wir ein gutes Miteinander haben, dient das allen – auch mir.« Sie sieht mich an.

»Aber?«, hake ich nach.

Anne muss nachdenken. »Es kommt mir vor, als ob es nie aufhört. Als würde ich etwas für mich dazulernen – und dann rutsche ich wieder ab. Nach jedem mutigen Nein spreche ich zwei feige Jas. Ich sehe kein Land. Jedes Mal, wenn ich von hier weggehe, habe ich etwas verstanden. Und kurze Zeit später benehme ich mich schon wieder alles andere als selbstbewusst. Ich werde nie wie die Frau auf dem Bild sein. Mein Leben ist das einer Comicfigur.«

»Haben Sie einen Garten?«

Anne nickt verblüfft.

»Mit Rasen?«

»Jjja …«

»Wenn Sie gemäht haben, sind Sie dann, nach ein paar Tagen, verblüfft, dass Gras und Unkraut schon wieder nachgewachsen sind?«

»Nein!« Anne lacht laut los. »Ich weiß, was Sie meinen.«

An sich selbst zu arbeiten, seine Persönlichkeit zu finden, zu modellieren, ist wie Rasen mähen. Es ist gut, es regelmäßig zu tun, sonst gibt es Wildwuchs. Der kann auch sehr schön aussehen. Das ist aber dann ein Zufallstreffer.

»Also muss ich weiter Gartenpflege betreiben.«

Gute Entscheidung.

»Rasen mähen bedeutet: Ich sollte viel öfter viel deutlicher sagen, was ich will.« Das wird Anne mit einem Mal ganz klar. »Oder?«

Gute Frage. Welche Antwort würden Sie Anne geben?

Als ich nichts sagte, antwortete sich Anne selbst.

»Ja, ich sollte zu mir stehen, meine Ziele und Bedürfnisse im Blick haben und nicht immer nur, ob es den anderen gut geht, ob sie lächeln, ob sie mich mögen, ob alles passt. Wenn ich mir vorstelle, wie diese Frau auf meinem Bild zu sein«, ihr Blick wird ganz weich. »Wenn ich mir das vorstelle«, atmet sie sehnsuchtsvoll durch, »dann ist das groß!«

Meine Hände ermuntern Anne weiterzusprechen.

»Es ist größer als ich. Oder ich bin größer als ich. Größer, als ich jetzt bin, verstehen Sie, was ich meine?«

Ich verstehe es genau, und ich freue mir ein Loch in den Bauch, weil Anne dieses Gefühl für sich gefunden hat.

»Und das Schöne ist«, antworte ich nun doch und meine es genau so, wie ich es sage: »Es ist schon da! Sie sind bereits diese wunderbare Frau mit dieser Würde und diesem Ausdruck. Wir werden – Sie werden – diese aufstehen lassen und ihr die Sprache geben.«

»Was fühle ich da gerade?«, besinnt sich Anne auf sich. »Es ist so neu.«

»Respekt«, antworte ich ihr. »Selbstrespekt vor sich als Mensch. Respekt vor Ihrem eigenen Leben, vor der Schöpfung, die Sie sind.«

»Ich werde also das Comicheft verlassen?«

»Sie sind schon draußen«, antworte ich ihr.

Ich finde für mich gerne äußere »Anker«, Symbole, die mich an ein Ziel, einen Vorsatz, Plan oder einen Wunsch oder an meine Selbstmotivation erinnern. Das kann ein Kristallstern sein, den ich mir ins Fenster hänge, ein Parfum, ein Ring, ein Bild – kurzum, der Knoten im Taschentuch, den schon unsere Vorfahren kannten. Manche Frauen legen sich für diese Reise ein Logbuch an und schreiben sich Inspirationen, Motivationen hinein. Heute benutzen viele Bullet Books. Sie können aber auch nur zeichnen, malen, Bilder finden, dann ist das ein sogenanntes Vision Board, auf das ich später noch mal komme. Aber wenn es Sie sehr interessiert, dann schon mal hier:

Lebendige Auseinandersetzung

Die eigene Selbstmotivation zu visualisieren hilft dabei, Ziele, Wünsche, Träume umzusetzen. Alles, was zu dem Ziel, Wunsch, Traum gehört, wird bei einem Vision Board auf einem großen Blatt bunt, mit Bildern gezeichnet oder aus Zeitungen gestaltet. Darüber und dazwischen gibt es Stichworte und Affirmationen. Falls Ihnen der Begriff »Affirmation« nicht geläufig ist: Affirmationen sind wohlwollende, zuversichtliche Sätze, die wir zu uns sprechen. Ermutigungen und auch zielgerichtete Formulierungen, obwohl jeder Satz immer, immer, immer in der Gegenwart spielt:

- Ich setze mich mehr und mehr durch.
- Meine Grenzen sind freundlich, aber deutlich.
- Ich kann spüren, wie mit jedem Satz, den ich für mich spreche, meine Selbstliebe wächst und gedeiht.

Die große Königin der Affirmation war die US-amerikanische Autorin Louise Hay. Sie können noch viel von ihr lesen, aber ich mag am meisten ihre Stimme, denn die klingt nach all dem, was ich bevorzuge: Klarheit und Liebe. Es bringt mich sofort in eine mich selbst annehmende Stimmung, wenn ich Hay sprechen höre. Wie Sie sehen, es gibt sehr viele Wege, selbst bei Affirmationen. Sprechen? Schreiben? Hören? Malen? Finden Sie Ihren, das ist ein wichtiger Schritt zu sich selbst und zeigt Ihrem Unterbewusstsein, dass Sie Ihren Weg, Zugang und Ihre Individualität schätzen und respektieren. Ein Vision Board ist für mich ein sehr lebendiges Tool. Es kann immer weiter gestaltet werden. Die Arbeit daran und die Collage selbst machen das sichtbar, was Sie sich wünschen, was Sie brauchen und das, was oder wen Sie schätzen.

Das Schöne am Vision Board ist: Nur Sie können die Bilder decodieren. So wie Anne genau weiß, was diese Frau auf dem Bild für sie bedeutet. Es ist viel mehr als nur eine Frau im gelben Kleid, die sitzt und lächelnd schweigt.

»Was für ein Symbol könnten Sie sich in Sichtweite stellen oder legen, um sich zu erinnern?«, will ich von Anne wissen.

»Ich werde in einen Spielzugladen gehen«, antwortet sie. »In die Lego- oder Playmobilabteilung. Und wissen Sie, was ich dort kaufen werde?«

»Nein …«

»Einen kleinen grünen Rasenmäher!«

Das ist eine richtig gute Idee. Sehr amüsant. Und niemand wird wissen, dass der kleine Rasenmäher von einer eleganten Dame in Gelb geführt wird.

4

Der Ich-Plan

»Da bin ich wieder.« Anne nickt, ein paar Tage sind seit dem letzten Treffen vergangen.

Vor dem Fenster zwitschern die Vögel, und im Kindergarten hat die Gartensaison begonnen. Die Luft ist frühlingshaft leicht. Anne wirkt auf mich dagegen sehr angestrengt. Fast ein wenig bedrückt und auch unsicher, so als müsse sie eine gute Leistung abliefern und sei nicht vorbereitet. Sie sitzt da, ein wenig verkrampft und lächelt bemüht. Ihr Blick wandert suchend zum Fenster und wieder zurück. Ist es ihr zu laut? Zieht es?

»Möchten Sie, dass ich das Fenster schließe? Die Kinder sind heute ziemlich lebhaft.«

»Nein, nein. Bitte nicht.« Jetzt lächelt sie. »Kinderlachen ist so schön.«

Ich habe Anne nicht ohne eine Überlegung nach dem Lärm gefragt. Meine Frage war ein kleiner Unterbrecher. Wenn wir zu sehr in Gedanken versunken sind, drehen wir uns oft im Kreis. Hamsterrad nennt man das auch. Was dann hilft, ist ein Unterbrecher. Sie selbst können sich laut ein »Stopp!« zurufen; etwas zu trinken holen; das Fenster öffnen. Alles macht Sinn, das Sie kurz aus der Situation herausholt und damit ungute Gedankenspiralen unterbricht, Sie ein wenig von sich ablenkt. (Aber Vorsicht, das geht auch umgekehrt. Wenn Sie gerade im Glück schwelgen, sollten Sie nicht einen Artikel über Steuern und Abgaben lesen. Nicht einmal querlesen. Es sei denn, Steuern und Abgaben sind Ihr Hobby.)

Bei Anne hat der Unterbrecher insofern gewirkt, als dass sie wieder *da* und damit *präsent* ist. Gespräche gelingen dann am besten, wenn alle Beteiligten wach und verbunden sind. Gedanken und Tagträumereien dämpfen die Kommunikation um mehr als 75 Prozent. Wer mit sich selbst redet, kann es zur selben Zeit nur bedingt mit anderen tun. Eine Kollegin nennt dies: »Stehlampe an! Stehlampe aus!«

»Ich war am letzten Wochenende mit ein paar Freundinnen unterwegs«, beginnt Anne zu erzählen, während sie es sich in ihrem Sessel bequem macht. »Mir ist da etwas an mir aufgefallen. Eine Rasenmähersituation.« Sie lächelt mir gequält zu. »Eigentlich wollten wir gemeinsam den Tag planen, aber ich machte dauernd Vorschläge, als wäre ich die Zeremonienmeisterin. Das brachte gar nichts. Mich hat es ermüdet, und die anderen waren genervt. Ich war so was von gar nicht die Frau im gelben Kleid, sondern wieder mal ein schnatternd agierendes Etwas. Blinder Aktionismus sagt man wohl auch dazu. Eigentlich versaute ich damit sogar die Stimmung, weil es sich für die anderen anfühlte, als wolle ich bestimmen.«

»Ja. Genau das ist erneut wachsender Rasen!«, bestätige ich Anne. »Eben haben wir gemäht und schon wuchert es wieder überall. Aber: Sie haben es gemerkt, und das ist gut. Oder wurden Sie auch schon früher aufmerksam, wenn Sie *mal wieder* in den unerbetenen Aktionismus gingen?«

»Nein, das habe ich nicht gemerkt.«

»So betrachtet, könnten Sie sich jetzt eigentlich freuen. Sie haben es bemerkt. Das nennt man auch Unterschiedsbildung. Lernen geschieht auf genau diese Weise. Also sind Sie einen Schritt weiter. Jetzt wissen Sie, dass Sie einen Rasen haben, der an manchen Stellen oder an den Rändern ungleichmäßig wächst, zuweilen auch wuchert, und den man im Auge behalten sollte. Das ist sehr eigenverantwortlich. Super! Sie sind kein Opfer Ihrer Grünanlage mehr.«

»Ach, Sie machen aus mir eine Gewinnerin? Aber so fühle ich mich noch lange nicht.«

»Können Sie wenigstens anerkennen, dass Sie einen Schritt weiter sind, indem Sie Unkraut erkennen?«

»Ja, das kann ich.« Anne lacht. »Sie machen es mir schwer, mich als Loserin zu fühlen.«

Exakt! Da hat Anne mich mal gut erkannt. Wenn wir präsent sind und mitbekommen, wie wir uns verhalten, sind wir keine Loser, sondern auf dem Weg, das zu verwandeln, was uns bislang behinderte. Es klappt vielleicht nicht gleich, aber mit jeder noch so blöden Situation kommen wir ein Stückchen weiter – so wie Sie bemerken und lernen zu decodieren. Aber zurück zu Anne und wie sie sich selbst erlebte.

»Wenn Sie mögen, gehen wir noch ein bisschen weiter Ihrer inneren Gartenpflege nach. Was haben Sie noch bemerkt?«

»Da war in mir so viel Druck«, erinnert sich Anne an ihre Hilflosigkeit. »Ich wollte alles dafür tun, damit meine Freundinnen zufrieden sind. Glücklich.«

»Und?«

»Ja, ich weiß, auf was Sie hinauswollen. Ich war es nicht. Ich war nicht zufrieden, ich war nicht glücklich, sondern am Abend nur völlig geschafft. Eigentlich war ich noch was ganz anderes: unglücklich.«

Das kennen Sie vielleicht auch: Keiner verlangt etwas von uns, aber wir werden schon mal aktiv und verlassen dabei uns selbst. Eine Klientin, die erbost darüber war, dass die Frauen im Verein immer Kuchen backen, fiel fast vom Stuhl, als sie sich bei der Planung des nächsten Vereinsfests laut und unaufgefordert sagen hörte: »Ich bringe zwei mit!« Nicht nur einen! Sie kam gleich mit zwei! Das nenne ich mal einen ausgefransten Rasen! Das stresst unnötig. Aber: Das kann nur ein Mensch ändern. Der Mensch selbst. Und der Anne-Mensch ist gerade dabei.

»Und das mit der Liste hat auch nicht geklappt.«

Sie spricht von einer Übung, die wir im Vorfeld unseres Treffens vereinbart hatten.

»Ich wollte ja nach Menschen Ausschau halten, die ich respektiere. Mir die Frau meines inneren Gemäldes betrachten und schauen, was ich an ihr so bewundernswert finde. Aber entstanden ist nur eine Liste von Menschen, von denen ich mich *nicht* respektiert fühle.«

Sie spricht das *nicht* mit entrüsteter Verwunderung aus. Nach dem zu schauen, was man nicht will – das kann man machen. Ist aber nicht so produktiv, wie sich nach dem umzusehen, was einem gefällt, wohin es einen zieht. Das unwillkürliche Lächeln stellt sich bei der Negativliste nicht ein. Eher meldet sich Frust und Traurigkeit. Die inneren Bilder, von denen ich sprach, sind bei diesen negativen Beispielen eher dunkel und schwarz-weiß. Wenn wir an etwas denken, das uns gefällt, sind die Bilder hell, belebt und haben oft sehr bunte Farben. Man kennt das mit den Farben auch aus der Kommunikation: »Er oder sie denkt nur noch schwarz-weiß«, hört man dann sagen. Dunkle Bilder bringen keinen Ausblick und nicht die Energie, die es braucht, sich nach vorne zu bewegen – dorthin, wo das Lächeln zu finden ist.

»Als ich an all diese miesen Leute gedacht habe«, erkennt Anne, »da war mein ganzer Schwung weg.«

»Das kann passieren, wenn man sich einem Thema nähert.«

Stolperfallen

Wenn wir uns auf den Weg zu persönlichem Wachstum machen, stolpern wir vielleicht hin und wieder über uns selbst, oder das Leben gibt uns eine unerwartete Nuss zu knacken. Das kann man nutzen, wenn man es bemerkt, denn dann kann uns die Unterschiedsbildung helfen, wieder in die bessere Richtung zu gehen.

»Das war einfach eine blöde Woche. Erst dieser verkackte Ausflug mit den Mädels, und dann war da auch noch Stress mit meinem Bruder.« Sie atmet durch und schaut nach unten, so als wolle sie die Szene auf dem Teppichboden noch mal sehen. »Kann ich davon erzählen? Geht alles so durcheinander heute. Sie denken bestimmt, ich hätte einen an der Klatsche.«

NIEMALS! Aber: »Sollte ich?«

»Nein!«, kreischt Anne.

»Sie sind die Chefin hier!«

Das gilt auch für Sie. Lassen Sie sich niemals von einem Therapeuten oder Coach sagen, dass Sie jetzt ein bestimmtes Thema bearbeiten müssten, es durcheinandergeht oder Sie sich an eine bestimmte Themen-Abfolge zu halten hätten. Wer sich in Therapie und Beratung begibt, ist immer der Chef und die Chefin des eigenen Prozesses. Sie wissen am besten, welches Thema für Sie im Moment ansteht. Und manchmal ist es eben so – wie bei Anne –, dass sich mehrere Themen gleichzeitig melden, miteinander verschränken oder hintereinander verstecken. Das ist die Kunst in der Begleitung, gemeinsam mit einem Klienten oder einer Klientin herauszufinden, warum sich gerade jetzt bestimmte Themen melden. Also auch zu Ihnen: Bleiben Sie ganz bei sich und haben Sie niemals Scheu, das zu erzählen, was Ihnen auf der Seele liegt. Es könnte nicht nur wichtig sein – es *ist* wichtig, und sei es nur, um ein Gesamtverständnis zu erlangen.

»Was ist geschehen?«

»Er schickte mir eine SMS, fragte, ob ich Zeit habe und daheim sei, er wolle vorbeikommen, mit mir etwas klären. Mein Bruder war zufällig da, er hatte in der Nähe zu tun. Er wohnt fünfzig Kilometer entfernt von mir. Ich habe dem zugestimmt, weil mir an der Klärung viel gelegen war. Wir hatten einen kleinen Streit. Dann wartete ich, aber er kam nicht vorbei, rief nicht an, und am Abend saß ich noch immer wie ein Schaf da. Er hat nicht abgesagt, und da das Gespräch für mich wichtig war, habe ich gewartet und gewartet. Er kam nicht.«

Das Leben bringt uns auf vielfältige Weise immer wieder mit Situationen und Menschen in Berührung, die früheres Verhalten in Erinnerung rufen und alte Wunden aufreißen. Anne war erneut sehr geduldig gewesen. Andere hätten vielleicht schon nach einer Stunde Warten die Verabredung als beendet betrachtet. Aber nein, Anne wartete, weil sie die Harmonie mit ihrem Bruder höher bewertete als ihr Bedürfnis, ihre Zeit zu nutzen und damit den Wartemodus zu beenden.

»Am Abend habe ich ihm dann eine Nachricht geschickt. Gefragt, ob er noch kommt. Er war bereits wieder bei sich daheim. Ich wurde sauer und ließ ihn das wissen. Den ganzen Tag warten – und er sagt nicht mal ab! Also schickte ich ihm eine Nachricht, auf die er entrüstet reagierte: *Selbst schuld, wenn du wartest. Wir hatten schließlich keine verbindliche Uhrzeit abgesprochen!* Seitdem ist er beleidigt. Er! Mit mir! Ich weiß gar nicht, wie ich das finden soll.«

Beraterinnen und Berater haben neutral zu sein, aber das sind Momente, in denen sich mein rebellisches Ich einfach nur aufregen und »Was ist denn das für ein Idiot?« ausrufen will. Das geht nicht gegen den Bruder, sondern ist für Anne.

»Da fällt mir noch was ein! Ich möchte Ihnen etwas zeigen.«

Anne sucht in ihrer Handtasche, zieht ihren Kalender heraus, blättert darin und zeigt mir eine Aufnahme von sich aus Kindertagen. »Dieses Foto«, sagt sie, »macht am besten deutlich, wie ich mich die meiste Zeit im Leben fühle.« Wir betrachten Anne, ein kleines Mädchen, das leicht verschüchtert dreinblickt. Die Runde um sie herum scheint etwas zu feiern. Die kleine Anne feiert nicht mit, sie knabbert an den Nägeln. »Ich war in unserer Familie immer außen vor. Oft so was wie das schwarze Schaf. Wenn jemand danebenlag, dann ich. Die Erinnerung daran ist hässlich. Darauf baut auch das Verhalten meines Bruders auf. So soll es nicht mehr sein. Ich möchte mich rückwirkend beschützen, denn ich wurde so oft ausgelacht, und immer war ich die Schuldige, wenn etwas nicht klappte. Ich möchte mich nie mehr so behandelt fühlen, wie ich das als Kind fühlte.«

»Dann ist es gut, dass Sie sich jetzt an die Hand nehmen und aus dem Foto herausführen. Die Situation war einmal da, sie ist vorbei, aber sie brennt noch in Ihrem Herzen. Das kleine Mädchen in Ihnen drin weiß nicht, dass Sie älter geworden sind und jetzt dieses erwachsene Selbstbewusstsein leben.«

Mein mütterlicher Teil möchte Anne beschützen, aber der mütterliche Teil sollte mal lieber einen Kaffee trinken gehen, denn Anne zu beschützen, ist ihr keine Hilfe, sondern es verlässt die Augenhöhe. Anne kann nämlich super für sich selbst einstehen. Und wenn das jetzt noch nicht ganz gelingt, schenkt das Leben Anne genau mit Situationen dieser Art eine Chance.

»Und wie ging es Ihnen im Gefühl?«

»Schlecht. Ich fühlte mich nicht gut behandelt. Weggeschoben. Wertlos.«

»Geben Sie diesem Gefühl recht? Ist das die Wahrheit? Stimmt das, was Ihnen das Gefühl erzählt?«

Anne schaut mich etwas irritiert an. Es hat lange gebraucht, bis sie in der Vergangenheit auf ihren Bauch zu hören begann. Nun komme ich und stelle das infrage. An Sie: beides stimmt! Unsere Gefühle möchten uns immer mal wieder etwas einreden. Aber nicht alles, was Gefühle zu uns sprechen, ist richtig. Es sind nur Gefühle. »Hör auf deinen Bauch« ist so lange eine sinnvolle Empfehlung, wie wir diese Gedanken überprüfen. Die Gefühle meinen es gut mit uns, aber sie sind nicht unbedingt auf dem neuesten Stand. Sie beziehen sich auf vergangene Erfahrungen, die heftig waren, aber inzwischen gab es viele neue Situationen, und sehr viele neue Kompetenzen wurden ausgebildet.

»Ich würde Sie gerne wieder zu einer ABC-Schülerin machen«, sage ich. »Haben Sie Lust?«

»Wie das? Neu schreiben lernen?«

»Nein, neu denken ...«

Wir können unsere Gedanken, unsere Gefühle erziehen, indem wir mitbekommen, was und wie wir denken, wie wir Schlüsse ziehen und bewerten. Sie können zum Beispiel sich sehr unglücklich fühlen, weil Sie keine Weihnachtspost erhalten haben. Kennt das Anne auch?

»Klar. Dann ist es ja wohl ganz deutlich, dass mich keiner leiden kann.«

Also, der Blick in den Briefkasten macht sofort ein schlechtes Gefühl, das aber kein Reflex ist. Wieso? Weil ein Schritt dazwischenliegt: die Bewertung der Situation – und die ist in dem Fall schlecht:

1. Blick in den Briefkasten, keine Post.
3. Schlechtes Gefühl, Traurigkeit

Die Musik liegt dazwischen: bei 2., der Bewertung.
Das Wesentliche passiert in der zweiten, oft unbewussten, Phase. Hier findet eine Art von Bewertung statt. Meist eine, die sich gegen uns selbst richtet. Wir erleben etwas faktisches und beziehen es auf uns. Das Gedankenkarussell beginnt in diesem Augenblick. Der gedankliche Input, den wir uns selbst geben, zieht uns zumeist hinunter und: er ist ungeprüft.

»Was könnte Ihnen dazu alles in den Sinn kommen, Anne? Was würden Sie wohl in solch einem Fall annehmen?«

»Keiner mag mich. Ich bin nicht mal eine Briefmarke wert. Alle haben mich vergessen, weil sie mit ihrem Glück beschäftigt sind. Hab ich was Falsches gesagt? Was Falsches gemacht? Hab ich was übersehen? Jemanden gekränkt? Es muss an mir liegen, dass ich keine Weihnachtspost erhalte!«

»Das war eine ganze Menge. Danke! Und alle Gedanken sind gegen Sie!«

Albert Ellis, ein US-amerikanischer Psychologe und Familientherapeut, machte diesen Zusammenhang als einer der Ersten deutlich und nannte ihn das ABC-Modell.

Das ABC-Modell

Bis heute wird das von Albert Ellis entwickelte ABC-Modell in der Beratung und Therapie oft verwendet. Wenn wir in unterschiedlichen Situationen immer wieder das gleiche Verhalten zeigen, zumeist eines, das uns nicht vorwärts bringt, sondern eher behindert, kann seine Anwendung sehr hilfreich sein, um diese Situation zu reflektieren. Wir bearbeiten unser Thema, indem wir die verschiedenen Phasen des Erlebten betrachten:

1. A
2. B
3. C

Betrachten Sie unter Punkt A die Situation faktisch und so neutral wie möglich: Was stand am Anfang? Was ist passiert, was vorgefallen? Unter Punkt C betrachten Sie Ihre Gedanken, Gefühle und Ihre Reaktionen darauf. In Phase B reflektieren Sie wie Sie gedacht, bewertet und eingeordnet haben. Abschließend können Sie abwägen oder sogar entscheiden, ob nicht auch eine andere Denkweise, Bewertung und Einordnung möglich gewesen wäre.

»Und Anne, bei diesem kleinen Beispiel, wie könnte die Bewertung, die Sichtweise auch noch sein? Welche weiteren Möglichkeiten gibt es?«

»Mmmh.«

»Ja?«

»Ich merke gerade, wie ich am Alten kleben bleiben will.«

»Gut bemerkt, aber lassen Sie sich nicht von sich aufhalten. Es handelt sich hier um alte Gewohnheiten.«

»Also, ich könnte auch denken, vielleicht ist der Postbote krank. Oder die Karten kommen noch. Oder ... ich könnte auch überlegen, ob ich schon alle Karten geschrieben habe.«

»Genau. Alles besser als diese Negativspirale von vorhin. ABC ist super!«

»Wie gehen Sie jetzt mit Ihren Gefühlen um? Nimmt Ihr Bruder Sie nicht ernst? Schiebt er Sie weg? Macht diese Situation Sie wertlos?«

Es braucht einen Moment, bis Anne denken kann, was sie immer dachte, nämlich, dass alle Gefühle klar und berechtigt sind. Nie jedoch hatte sie bemerkt, dass sie es war, die ihre Gedanken und Gefühle inspirierte, indem sie bewertete. Berechtigt sind Gefühle auf jeden Fall. Na, klar! Aber ich bin sehr fürs Nachspüren und Reflektieren. Wenn wir wissen, dass unsere Reaktion auf Bewertungen beruht, können wir neu entscheiden.

»Es stimmt«, sagt sie und schaut mich an. »Wirklich!« Jetzt erhellt sich ihr Gesicht. »Nein, das macht mich nicht wertlos, sondern zeigt nur, dass er der Blödmann ist, der er schon immer war und kein Benehmen hat.«

»Okay, den Blödmann atme ich jetzt mal weg, aber Letzteres scheint mir eine gute Verknüpfung zu sein. Es sieht so aus, als ob Ihr Bruder an diesem Tag, in diesem Moment kein gutes Benehmen zeigte. Es wird Gründe haben, denn auch Ihr Bruder tut nichts ohne einen tieferen Sinn, und vermutlich steckt sogar eine positive Absicht dahinter. Es ist verquer gelaufen, und er hatte nicht die Ressourcen, es mit Ihnen zu klären, außer angepisst zu sein. Aber das alles sagt nichts über Sie aus!«

»Vielleicht fühlte er sich auch hilflos«, wägt Anne ab. »Er kann noch weniger sagen, was er denkt, als ich, weil er sich nur ganz begrenzt mit sich auseinandersetzt. Seine Wege sind voll von roten Knöpfen. Dauernd ist er wegen irgendwas verärgert.«

Anstatt sich zu entschuldigen, hat Annes Bruder ihr schlechte Gefühle vermittelt und vielleicht damit gerechnet, dass sie darauf entschuldigend reagiert – einfach, weil es immer so war. Das sind genau die Momente, in denen Menschen ohne Selbstbewusstsein und Selbstrespekt in die Knie gehen. Jemand schaut schief, jemand will etwas, jemand zeigt mit dem Finger auf uns – und schon springt ein Räderwerk an, das nicht mehr für uns, sondern für die anderen arbeitet. Aber: Auch das ist nichts anderes als eine lästige Gewohnheit. Wenn wir fast automatisch diesen Gedanken und Gefühlen nachgeben, wenn wir uns wertlos und gekränkt fühlen, zurückgestoßen, als Versagerinnen, wenn wir uns für nichts entschuldigen, weist das darauf hin, dass wir vielleicht gerade einem Verhalten nachgehen, das sich überholt hat. Anne steht an einer Kreuzung: Sie kann den alten Weg gehen und sich einfach nur rückwirkend über den Bruder ärgern, oder sie schaut auf sich und bemerkt, dass sie einen großen Schritt weitergekommen ist. Früher wäre sie als Reaktion *einfach nur* geknickt gewesen, jetzt zeigt sie sich aufrecht und mit Haltung. Sie ist die Dame in Gelb. Moment, das muss ich ihr noch sagen.

»Jetzt empfinde ich Sie gar nicht wie eine Comicfigur.«

»Das stimmt«, erkennt auch Anne. »Als Comic-Frau hätte ich nun zu zetern und zu heulen begonnen. Ich hätte mich mit vielen Worten gerechtfertigt, versucht, die Sache wieder und wieder aus meiner Sicht zu erklären, und er hätte sich bräsig im Sessel zurückgelehnt und meine Argumente durchgewunken. Wir hatten schon als Kinder diese Streitkultur, die keine ist. Ich glaube«, sie schmunzelt, »wir müssen unsere geschwisterliche Beziehung aus dem Kindesalter ins Erwachsenenalter holen. Ich werde ihn mal anrufen und sagen, dass ich das weiter klären möchte. Es ist ein altes Verhalten, ein Kommunikationsproblem, denn er regelt vieles anders als ich.«

»Vermutlich.«

»Außerdem ist er oft beleidigt, weil er sich ständig übergangen und nicht ernst genommen fühlt.«

»Öha!« Ich lache.

> ## Streitgefühle
>
> Das ist ein bisschen magisch. Oft fühlen beide Parteien in einem Streit genau dasselbe. Egal ob in der Familie oder in der Beziehung.
> »Du liebst mich nicht!«
> »Nein, *du* liebst mich nicht!!«
> »Du respektierst mich nicht!«
> »Nein, *du* respektierst mich nicht!!«
> Am besten: Es respektiert sich jeder selbst!

Damit wir unser Verhalten unserem neuen Ich anpassen und weiter aufbauen können, braucht das neue Verhalten Aufmerksamkeit und Futter.

»Auch in der Geschwisterliebe gibt es Regeln. Wie sind denn Ihre?«

Jetzt ist Anne platt. Sie hat sich nie Gedanken um ihre Regeln gemacht, weil sie viel zu sehr mit dem Regelwerk ihrer Familie beschäftigt war.

»Dann frage ich anders: Welche Werte sind Ihnen wichtig?«

»Respekt. Unterstützung. Liebe. Verzeihen. Vertrauen. Sich am anderen erfreuen.«

»Na bitte. Dann sind das auch Ihre Regeln. Es ist quasi Ihre persönliche Hausordnung. Und nun ist es an der Zeit, sich an den Menschen zu orientieren, die Sie in Ihrem Wachstum unterstützen, und nicht an denen, die Sie kleinhalten möchten. Ihr Bruder hat vermutlich seine eigene Geschichte. Die können Sie für ihn nicht lösen, aber Sie dürfen auf jeden Fall darauf bestehen, dass er Sie respektvoll behandelt und Ihre Bedürfnisse, wenn er sie schon nicht anerkennt, so doch toleriert.« Ich halte kurz inne, bevor ich fortfahre. »Er könnte sich auch an Ihnen ein Beispiel nehmen, wie man sich erkennt und entfaltet.«

Darauf sagt Anne jetzt mal nichts. Es ist eine neue Perspektive.

»Nehmen Sie das Gefühl des mangelnden Respekts zum Anlass, sich um Ihren eigenen zu kümmern, respektieren Sie sich selbst.« Ich nicke ihr zu. »Und es ist egal, was die anderen von Ihnen wollen oder erwarten. Vielleicht finden Sie auch ein Bild von einer Frau in Gelb, das Sie im Geldbeutel immer bei sich tragen könnten.«

Sich in der Familie nicht beheimatet zu fühlen, ist eine pochende Wunde, die viele Menschen kennen. Es liegt nahe, dass man später alles dafür tut, damit die anderen einen aufnehmen, achten und lieben. Aber es ist der falsche Weg. Wir werden für andere nicht sympathisch, wenn wir klein bleiben, uns kleinmachen und unsere Wünsche unterdrücken. Menschen werden für ihre Größe und die Selbstverständlichkeit gemocht. Unterwürfigkeit bringt nicht weiter! Es ist Pippi, die auf sich aufpasst. Nicht Annika!

»Also: Wie zeigen Sie sich Selbstrespekt?«, frage ich Anne. »Oder wie zeigen Sie einem anderen Menschen, dass Sie ihn respektieren? Das war die Übung. Erinnern Sie sich?«

»Ja, ich weiß, die Liste. Wird gemacht!« Sie schaut mich an. »Nicht für Sie!« Anne zwinkert mir zu. »Für mich!«

»Und wenn Sie jetzt noch mal kurz an den Ausflug mit den Freundinnen zurückdenken?«

»Mmmh. Kann gut sein, dass die dachten, ich würde ihnen nicht zutrauen, dass sie auch gute Ideen haben. Muss ich aber klären.«

Wunderbar! Denn in andere Köpfe zu denken, bringt nichts. Fragen aber viel!

Mehr Selbstrespekt? Make a list!

»Ich würde wirklich gerne souveräner werden.« Anne findet noch ein neues Wort, eine neue Beschreibung. »Ich denke dabei an eine Frau in dem Unternehmen, in dem ich arbeite. Sie ist bei uns Bereichsleiterin. Die hat viele gute Eigenschaften. Ich glaube, sie ist eines meiner Vorbilder.« Anne will sich jetzt doch noch an die Liste machen, an die sie zu Beginn der Stunde dachte. »Vor dieser Frau habe ich echt Respekt. Sie ist so klug, ganz bei sich und gleichzeitig sehr freundlich. Und sie ist sehr interessiert an anderen Menschen und Gedanken. Das finde ich echt bemerkenswert.«

»Okay. Dann erstellen Sie jetzt eine Liste. Notieren Sie, wie Sie dieser Frau Respekt zeigen oder schenken. Ganz freiheraus. Wie heißt es so schön? Denken Sie nicht lange nach.«

Ich schiebe Anne ein Blatt und ein paar Stifte mit unterschiedlichen Farben zu. »Respekt zeigen – wie machen Sie das genau?«

Während Anne schreibt, lassen Sie mich Ihnen erzählen, was ich mit dieser Liste verbinde, warum sie mir so wertvoll erscheint: Diese Übung ist für mich nicht neu. Ich habe sie nicht nur mit Anne, sondern auch in Teamentwicklungen, im Coaching, mit älteren und mit jüngeren Menschen erarbeitet. Die Resultate unterscheiden sich nicht wesentlich. Egal ob Herkunft, Religion, Sozialisation, in ihren Grundzügen sind sich Menschen ähnlich. Auch die Annäherung an einen Menschen bleibt sich gleich. Einem Menschen Respekt zu erweisen, ist oft ein achtsamer, sehr bewusster Akt. Wir nähern uns mit Abstand und prüfen die Sätze, die wir sprechen. Sogar die Körperhaltung kann von den meisten Menschen beschrieben werden: leicht zurückhaltend, vortastend, umsichtig.

Der Gedanke liegt nahe, diese Kennzeichen von Respekt auf Selbstrespekt zu übertragen. Was anderen guttut, ist auch für uns selbst würdigend und wichtig. Die Sammlung ist also ein guter Ideenpool, wollen wir mehr und mehr Selbstrespekt in und für uns entwickeln.

Anne findet eine ganze Menge. Sie ist über das Blatt gebeugt, und die Worte und Sätze sprudeln nur so aus ihr heraus.

Nach weniger als zwei Minuten richtet sie sich auf.

»Fertig! Meine Sammlung!«

Sie schiebt das Blatt so auf den Tisch, dass wir beide lesen können: »Das sieht gut aus!«

»Ja, ich habe mir diese Vorgesetzte einfach vorgestellt. Sie ist manchmal bei unseren Meetings dabei und dann immer ein Gewinn.«

»Bettina Lavand. So heißt sie«, erklärt Anne und scheint ein bisschen aufgeregt zu sein.

Aber es gibt hier ja kein Richtig und Falsch und erst recht keine Noten:

- Ich nehme sie ernst.
- Sie ist so selbstbestimmt. Ich zeige ihr, dass ich das schätze.
- Sie kann mit einem Nein leben.
- Sie weiß, sie ist frei.
- Sie ist sich ihres Könnens bewusst.
- Ich vergleiche sie nicht. Ich nehme sie so, wie sie ist, und fantasiere nichts in sie hinein.
- Ich rutsche ihr nicht auf die Pelle, sondern gebe ihr Raum.
- Ich zeige Wertschätzung.
- Ich gestehe ihr Eigenheiten und Marotten zu (Merkwürdigkeiten).
- Ich verteidige sie, wenn jemand schlecht über sie spricht.
- Ich lerne von ihr.
- Ich vertraue ihr.
- Ich höre ihr gerne zu.

Die Liste, die Anne erstellt hat, ähnelt vielen Listen. Falls Sie zeitgleich auch eine geschrieben haben, vergleichen Sie gerne. Es ist eindeutig: Wir möchten einen Menschen, dem wir mit Respekt begegnen, auch für uns gewinnen. Was bedeutet es für uns? Dass wir genau das brauchen, was wir anderen geben.

»Sehr gut. Nun machen wir den Umkehrschluss.«

Ich liebe diesen Teil der Übung. »Lesen Sie mir Ihre Liste vor, aber diesmal mit dem Fokus auf sich selbst.«

»Sie meinen, als würde ich über mich selbst sprechen?«

»Genau.«

»Auweia!«

Anne muss sich dafür sehr konzentrieren. Damit hat sie nicht gerechnet, denn all das, was sie Frau Lavand so leichthändig zeigen und geben kann, ist für sie selbst eine große Herausforderung. Eine besondere Schwierigkeit kommt noch hinzu: Sie soll es auch noch laut sagen. Dafür muss sie nicht nur die Sätze vor dem Sprechen umbauen, was gar nicht so einfach ist, sondern auch noch über ihre innere Grenze gehen. *So spricht man nicht von sich selbst. Das ist eitel und selbstbezogen.* Herz und Hirn müssen Purzelbäume schlagen. Das ist das Ich-Konzept. Schon bald wird Anne mehr Übung darin haben und ganz flüssig von sich sprechen können. Sie, in der ersten Person. ICH, ICH, ICH. Je mehr wir wieder zu uns selbst stehen, desto leichter wird es, ohne Umwege von uns zu reden. Jetzt turnt ihr Gehirn noch ein wenig.

»Anne?«

»Ja. Gleich.« Sie richtet sich noch einmal auf. Es ist, als würde sich alles in ihr sortieren, in die gute Reihenfolge und Ordnung bringen. »Okay. Also:

- Ich nehme mich ernst.
- Ich bin selbstbestimmt und zeige mir, dass ich mich schätze.
- Ich mag mich, wie ich bin.
- Ich kann mit meinem Nein leben.
- Ich nehme mich ernst.
- Ich weiß, ich bin frei.
- Ich bin mir meines Könnens bewusst.
- Ich vergleiche mich nicht.
- Ich rutsche mir nicht auf die Pelle, sondern gebe mir Raum.
- Ich zeige mir Wertschätzung.
- Ich gestehe mir Eigenheiten, Marotten zu (Merkwürdigkeiten).
- Ich verteidige mich, wenn jemand schlecht über mich spricht.
- Ich lerne von mir.
- Ich höre mir gerne zu.
- Ich vertraue mir.

»Und welche Aspekte Ihrer Liste bringen Sie sich im Umgang mit sich selbst entgegen?«

Nimmt Anne zum Beispiel Ihre Wünsche mit gleicher Intensität und genauso interessiert wahr, wie sie die Wünsche anderer Menschen respektiert? Sie schüttelt mit dem Kopf.

»Ich bin in allen Punkten schlecht.«

»Und wie könnte das positiv ausgedrückt klingen?«

»Es gibt viel zu tun, und ich packe es an.«

Jetzt muss sie erleichtert lachen. Genau, ihre Liste schenkt ihr viel Auswahl.

»Die Liste ist ein Projektplan. In der Unternehmensberatung spricht man auch von Meilensteinen. Wenn Sie all das, was Sie bei anderen Menschen respektieren, sich selbst zeigen, wird aus Ihnen eine wirklich selbst-respektable Persönlichkeit. Zumindest, was Sie angeht, denn jeder Mensch definiert Respekt ja anders.«

»Volles Programm würde ich mal sagen …« Anne stöhnt auf. »Wenn ich das vorher gewusst hätte, hätte ich weniger aufgeschrieben.«

»Was schade gewesen wäre.«

Weiterentwicklung ist immer ein persönlicher Entschluss

Womit wird Anne anfangen? Ich bitte sie, ihre Aufzählung noch einmal durchzugehen und zu priorisieren. Was ist besonders wichtig, was weniger? Priorisierung hilft, dass wir aufgrund einer Fülle von Ideen gar nicht erst beginnen. *Wo nur anfangen? Es ist so viel!* Mit drei ersten Schwerpunkten lässt sich aber gut arbeiten, denn sie helfen uns nicht nur dabei den Überblick zu behalten, sondern auch Erfolge zu bemerken:

1. Ich nehme mich ernst.
2. Ich zeige mir Wertschätzung.
3. Ich vergleiche mich nicht.

Ein guter Anfang. Sich selbst kennenzulernen, das eigene Wesen zu betrachten, um herauszufinden, welche Art von Respekt einem selbst wichtig ist, zählt für mich zu den schönsten und spannendsten Begegnungsmomenten mit sich selbst. Jeder Mensch hat dabei einen anderen Katalog und eine andere Prioritätenliste. Deswegen gibt es auch keinen Vorschlag und keine Liste, die für alle gilt. Es gibt eine Auswahl – und dazu gesellt sich, was Ihnen wichtig ist. Versuchen Sie dies zu formulieren. Und sollte es Ihnen nicht gleich glücken, überlegen Sie in einem Moment der Ruhe, was Ihnen besonders wichtig ist, wenn Sie anderen Menschen oder einem bestimmten Menschen Respekt zeigen wollen. Mit Sicherheit ist das eine gute Fährte zu sich selbst.

Ich blicke zu Anne.

»Wie zeigen Sie sich, dass Sie sich ernst nehmen?«

»Indem ich mich nicht unter Druck setzen lasse.«

»Was bedeutet das in Bezug auf Ihren Bruder? Wie könnten Sie reagieren?«

Anne holt Luft, stemmt förmlich die Arme in die Seite und faucht mich anstelle ihres Bruders so an, dass meine Haare nach hinten fliegen. »Indem ich zum Beispiel sage: ›Das ist mir scheißegal, wie du das in deinem Leben machst. Wenn du dich mit mir verabredest, sag gefälligst ab und lass mich nicht dumm rumsitzen und warten. Das gehört sich nicht! Das ist Anstand. Das ist Respekt. Ich bestimme das so für mich, denn ich bin die fucking queen of my fucking life.‹«

Damit habe ich nicht gerechnet.
Bums!
Ich bin gerade vom Stuhl gefallen.
Nicht schlecht, denke ich da unten.

5

Warum wollen eigentlich alle dauernd Harmonie?

»Frau Lavand ist mir ein Vorbild, und ich möchte für Kinder ein Vorbild sein«, schreibt mir Anne in einer E-Mail. In der Beratung muss man sich nicht immer gegenübersitzen. Zumindest bei mir nicht. Man kann auch telefonieren, einen Videochat machen oder – ganz old fashioned – schreiben. »Sie sollen lernen, dass es guttut, wenn man hilfsbereit ist.«

Hoppla, jetzt geht ein bisschen was durcheinander. Wem tut was gut? Anne, wenn sie hilft? Den anderen, dass sie Hilfe bekommen? Der Welt? Den Kindern?

»Aber, kurze Frage«, schreibe ich zurück. »Wäre es denn nicht auch wichtig, Kindern einen Weg zu zeigen, wie man echte Hilfe vom Hunger nach Liebe unterscheidet? Ihnen aufzuweisen, wie man gut und wohlwollend etwas ablehnt? Also dieses: Danke, aber nein danke! Für sich sorgt. Sich selbst respektiert?«

»Könnte man machen, wenn man es könnte«, simst mir Anne zurück.

Sehr oft trifft man auf Menschen, die ganz viel für andere tun, damit es diesen besser geht. Zuweilen muss man dafür nur in den eigenen Badezimmerspiegel schauen. Sich abgrenzen, Nein sagen, spröde sein, unwillig – das ist kein Muskel, der gut trainiert ist oder schnell ein Trainingsprogramm findet, denn die meisten sind darauf ausgerichtet, bei möglichst vielen Menschen beliebt und angesehen zu sein.

Um das zu erreichen, legen sie sich ins Zeug und fühlen sich für alle und jeden zuständig.

Frauen beschreiben Ihre Reaktion auf dieses besondere Anliegen der Selbstfürsorge häufig mit dem lapidaren Satz: »Ich kann einfach nicht Nein sagen.« Das liegt nicht an einer organisch bedingten Sprachhemmung, das ist leicht überprüfbar. Frauen *können* Nein sagen, aber sie entscheiden sich dagegen. Oft aufgrund von Erfahrungen und Erwartungen. Doch sie schlagen eine Bitte nicht aus, weil sie so super zuvorkommend sind und dienlich sein wollen. Auf ein Nein kann nämlich eine mürrische Nachfrage oder eine irritierende Beziehungsstörung folgen. Das wollen wir Frauen (und auch viele Männer) nicht, denn wir sind von der Sehnsucht getrieben, beachtet, anerkannt und geliebt zu werden.

»Es geht um Anerkennung. Es geht um Liebe«

Dies schreibe ich Anne. »Deswegen tun wir Menschen uns mit einem Nein schwer.« Deswegen denken wir uns so viel in andere rein, deswegen haben wir Geduld, deswegen strengen wir uns an, bringen uns ein, und deswegen halten wir uns auch zurück. Egal was wir machen oder tun, es geht um diese beiden Gefühle.

Anerkennung und Liebe

Wenn uns etwas fehlt, ist es: Anerkennung oder Liebe.
Wenn wir uns etwas wünschen, ist es:
Anerkennung oder Liebe.
Wenn wir für etwas kämpfen, dann für:
Anerkennung oder Liebe.

Um mehr nicht. Prüfen auch Sie es nach. Alle Emotionen ordnen sich hier unter. Das trifft auf Anne zu. Auf mich. Auf die meisten Menschen. Selbst der Mönch in seiner Klause will geliebt werden – und zwar von Gott. Oder anerkannt, von seinen Klosterbrüdern. Geliebt werden möchten wir von unserer Familie, den Menschen, die uns nahestehen. Anerkennung wünschen wir uns im Beruf. Für beides sind wir bereit, eine Menge zu tun. Wir ackern wie die Ameisen. Mithilfe von Fleiß, Einordnung und dem Zurückstellen der eigenen Wünsche soll das sehnlichst erhoffte Lob zu hören sein, das: »Du bist wunderbar! Ich kann dich so gut leiden!«

Neidvoll äugen wir auf die Sonntagskinder, die Glückskinder, in meinem Fall blond gelockte, zarte Klassenkameradinnen, denen alles zuflog. Wissen, Sympathie, Bewunderung. Bunt und leicht wie Schmetterlinge, bereit, gesehen und geliebt zu werden. Die dafür nicht lieb sein mussten, nicht fleißig, nicht angepasst. Aber es ging selbst bei denen um dieses Gefühl. Manche Menschen bekommen es leichter, denn sie haben ein Urvertrauen, dass sie es erhalten werden. *Einfach, weil sie wunderbar sind, wie sie sind.* Das ist ein Geschenk, und auch wenn Sie, Anne und ich nicht zu diesen Begünstigten gehören, wir können doch versuchen, das Vertrauen in uns zu nähren, uns der Selbstannahme annähern und damit weiter Stroh in Gold verwandeln. Von Anfang an Gold zu besitzen, ist doch ohnedies langweilig, oder etwa nicht?

> ### Liebe versus Anerkennung
>
> Wir möchten lieben und geliebt werden.
> Und wenn schon nicht Liebe, dann wünschen wir uns Anerkennung.

Liebe und Anerkennung, diese beiden Wünsche sind der häufigste Grund, wieso Menschen ein Coaching in Anspruch nehmen oder

Zeit in therapeutische Gespräche investieren. *Es* soll so nicht mehr weitergehen. *Es* soll sich ändern. *Es* bedeutet, sich geliebt und anerkannt zu fühlen. Am Ende von sich selbst. Deswegen das Streben nach Harmonie. Es macht uns vor, dass Harmonie der Weg ist, der zu Anerkennung und Liebe führt. Deswegen tun wir vieles, um andere Menschen glücklich zu machen, und wenn schon nicht das, dann wenigstens zufrieden. Wir wollen in den Gesichtern lesen, dass man uns mag. Und wenn man sich dafür ein bisschen verstellen, verleugnen oder flunkern muss, egal, der Hauptgewinn ist: Wir sind dabei, wir sind angenommen und gewollt. Scheinbar.

Warum ist das uns so wichtig?

1. Weil wir ein Teil des Teams sind, das sich Menschheit nennt.
2. Weil noch aus der Urzeit Erfahrungen und Annahmen in uns wirken, die auf nichts anderes zielen, als weiter Teil dieser Menschheit zu bleiben.

»Ich möchte Ihnen gerne etwas zu lesen geben, das ich einmal für mich zusammenschrieb.« Ich hänge Anne eine kleine Datei an. »Vielleicht gibt Ihnen das auch noch mal einen neuen Blick. Wir Menschen, Frauen und Männer, haben eine Geschichte. Ich möchte Ihnen gerne von Wilma erzählen. Diese alte Freundin ist mir sehr wichtig.« Beste Grüße und auf bald.

Unsere Vorfahrin Wilma Feuerstein

Wilma Feuerstein ist eine Protagonistin aus der Steinzeit. Sie kennen sie sicher. Wilma ist die Frau von Fred Feuerstein. Falls Ihnen diese Sechzigerjahre-Comicserie unbekannt ist: macht nix. Ich beziehe mich hier nicht auf den Inhalt, sondern Wilma ist für mich eine Patin, sie steht für mich für all die Vorfahrinnen, die seit der Urzeit lebten. Manches, was Wilma wichtig war, hat sich bis heute erhalten. Natürlich gab es mehrere Wilmas, die in unterschiedlichen Settings auch unterschiedliche Rollen lebten und Verantwortung für den Clan unterschiedlich aufteilten. Ich denke hier an die deutsche Wilma, von mir aus aus Schwaben. Anerkennung, Liebe und damit Sicherheit zu erlangen, ist mit Blick auf die Evolution ein Bedürfnis, das wir seit der Frühzeit der Menschwerdung kennen. Auch über Schwaben hinaus. Anerkennung und Liebe sind Grundbedürfnisse, denn sie garantieren uns Schutz. Deswegen sind wir auch heute noch so wild darauf.

Bei den Erfahrungen, die unsere Vorfahrinnen gemacht haben, handelt es sich für mich um die kleinen und kleinsten Bausteine in unserem Leben, die *noch immer da sind,* obwohl es inzwischen auch anders geht. Denn einige dieser Verhaltens-Bausteine sind einfach so praktisch, dass die modernste Molekül-Küche gegen die Schnelligkeit dieser Praxis grandios verliert. Beispiel? Wenn Sie die Verpackung eines Lebensmittels öffnen, bei dem Sie unsicher sind, ob es noch zu verzehren ist oder Ihrem persönlichen Körpersystem guttut – was machen Sie da? Genau! Sie öffnen die Verpackung und riechen daran. Dann entscheiden Sie. Ihr System weiß genau, was für Sie *noch verzehrbar ist.* Mein Mann kann so zum Beispiel noch Lebensmittel essen, die deutlich über dem Haltbarkeitsdatum liegen. Ich nicht. Wenn ich daran rieche, weiß ich sofort: stopp! Oder go! Das ist die Wilma in mir, die mir an dieser Stelle eine fantastische Entscheidungshilfe mitgegeben hat, denn in der Urzeit gab es keine Haltbarkeitsdaten. Dieses hilfreiche Überlebenstool hat sich für uns erhalten und unterstützt uns tagtäglich. Das tut es auch, wenn es um die Reflexion geht, warum *uns etwas stinkt.* Wir können Menschen gut riechen oder nicht. Auf jeden Fall war es für Wilma überlebenswichtig, dass die anderen sie mochten, sprich: gut riechen konnten.

Aus diesen gespeicherten Erfahrungen all unserer Vorfahrinnen resultiert – neben Ihren persönlichen und gesellschaftlichen Prägungen – also das aktuelle Bedürfnis, gemocht zu werden, ein Teil einer Familie, eines Teams zu sein. Der Wunsch, »dazugehören zu wollen«, hat nicht nur etwas mit *sie haben mich hoffentlich lieb* zu tun, es ist aktiv und schwingt in unseren Zellen.

Zurück zu Wilma. Wir Menschen waren und sind Herdentiere. Wilma hatte allen Grund, es sich mit ihrer Sippe nicht zu verderben. Auszuscheren, weil man etwas anderes wollte oder anders war, konnte bedeuten, ausgestoßen zu werden. Und das wiederum hatte zur Folge, dass man keine Hilfe bei Not oder Krankheit erhielt und im schlimmsten Fall dabei ums Leben kam. Außer man fand einen neuen Clan, aber sicher war das nicht. Frauen waren davon noch stärker betroffen als Männer, denn sie hatten kein Geld, weniger Kraft und keine Waffen. Ein Nein, eine Abwehr, eine Verweigerung, ein kritisches Auftreten oder ein zu starkes Besinnen auf die eigenen Bedürfnisse – das waren sicher Charaktereigenschaften, in denen die Gefahr lag, aussortiert zu werden. Auch wir tragen diese uralte Furcht noch in uns und spüren sie zum Beispiel als Unsicherheit, dann, wenn etwa in einem Unternehmen sich der Eindruck verdichtet, dass das Team einen nicht mag, man aus der Gruppe fällt, irgendwie nicht passt. Es macht Angst, und Frauen sind davon vielleicht noch immer mehr betroffen als Männer.

Die Wilma in Ihnen, in Anne und in mir kennt das heutige Leben nicht und weiß nichts von Haltbarkeitsdaten von Lebensmitteln, von Emanzipation, Talenten und Selbstfürsorge. Sie orientiert sich an den Grundbedürfnissen des Lebens. Essen, Schlafen, Sex, Sicherheit. Da Wilma unsere Zeit nicht kennt und sich deswegen auf die Strategien verlässt, die in der Urzeit des Menschen galten, will sie zwar Ihr Bestes, ist Ihnen aber keine große Hilfe, wenn Sie sich mutig aus Ihrer Komfortzone hinausbewegen wollen. Also stecken Sie sich und Wilma am besten einen Beruhigungsdrops in den Mund und erklären ihr, dass die Welt zwar noch immer gefährlich ist, dass Sie aber viel gelernt haben, Erfahrung besitzen und allererste Priorität nicht mehr ist, den Schutz der Gruppe zu suchen, sondern sich mit aller Kraft und Freude durchs Leben zu begleiten und gleichzeitig gute Freunde oder Familie zur Seite zu wissen. Erklären Sie Ihrem Schutzengel aus der Urzeit, dass man heutzutage nicht dem Verhungern ausgesetzt ist, bloß weil man eine andere Meinung hat, Wünsche nicht erfüllt oder in der Teambesprechung ein anderes Ziel formuliert. Sie verhungern nicht einmal, wenn Sie sich die Bluse versauen, umfallen, sich erbrechen, in die Hose pinkeln und was es da noch so an diffusen Ängsten in uns gibt. Sie kommen da durch.

»Ach ja?« Wilma stemmt die Arme in die Seite, wenn ich sie damit beruhigen will. »Und was ist mit all den Frauen auf der Welt, die unterdrückt sind, die misshandelt werden und entrechtet sind?«

Ooooh, Wilma! Komm doch nicht damit!

Aber wissen Sie was? Wilma hat recht. Es beruhigt sie nicht, wenn ich vorbringe: »Wilma! Ich bitte dich! Wir sind hier doch sicher!« Denn stimmt das wirklich? Und vor allen Dingen: Stimmt es für alle Frauen? Ich hatte dies bei der Erwähnung des Orange Day schon formuliert. Jede Frau – und damit jede Wilma in uns – weiß, dass es noch immer Frauen gibt, die keine Rechte haben, die unter bedrohlichen Umständen leben, nicht zur Schule gehen dürfen, das Leben nicht selbstbestimmt gestalten können. Ein Blick in die Zeitung genügt, täglich kann man davon lesen. Oder Sie geben »Femizid« bei Google ein. Das ist nicht *sicher*, was wir da erfahren. Es ist beunruhigend. Wir erwachsenen Frauen in einem demokratischen Land können versuchen, das wegzuschieben, die Wilma in uns, die kann es nicht. Ihr und mein Unterbewusstsein und unser aller Wilma, die blättern nicht weiter, sondern schlagen Alarm, indem sie rufen: »Pass auf dich auf! Fall nicht auf! Sei still! Sei freundlich! Sei leise! Und sorge unbedingt dafür, dass dich *alle* mögen. Denn nur dann sind wir sicher!« Das sind deutliche Aufforderungen, die seit der Urzeit unbewusst in uns wüten. Kein Wunder, dass es uns ängstigt, wenn andere über uns tuscheln oder uns nicht zum Stammtisch einladen. Das ist nicht nur ein Übersehen – die Wilma in uns dreht schier durch aufgrund dieser »Gefahr«.

Für den alten Teil in uns, die Wilma, ist jede Form von *eventuell nicht gemocht werden* ein Stress, der sich nach Überlebensgefahr anfühlt. Sie hat nicht auf dem Schirm, es ist nicht in ihrem Repertoire, dass sich seit der Urzeit viel verändert hat. Bist du nicht beliebt, lebst du gefährlich, ist die Quintessenz für sie. Deswegen verhalten sich viele Frauen auch heute noch genauso, wie es Wilma ihnen vormacht: Sie werden zu *lieben, goldigen Mädchen*, die kichern, den Kopf seitlich legen, eine hohe Stimme bekommen und ihre Beine x-förmig aufstellen, ein Bein einknicken oder die Füße verdrehen.

Wieso sind Frauen im Gespräch oft unsicherer als Männer?

Frauen haben eine andere Geschichte als Männer, eine andere Sozialisation, und es gibt noch nicht so viele Frauen, die öffentlich sprechen. Unsere weibliche Vergangenheit hat Spuren hinterlassen, in den Genen, in unserem Gehirn und damit auch in der Kommunikation. Jungen und Männern wird auch heute noch in Gesprächen mehr Aufmerksamkeit entgegengebracht als Mädchen oder Frauen. Bei Online-Meetings wird das oft deutlich, da viele in die männliche Stimme – das war mal das Ergebnis einer Rundfunkumfrage – mehr Ernsthaftigkeit und Wahrheitsgehalt interpretieren. Frauen haben keine jahrtausendealte Übung im Halten von Vorträgen, die auch ihre Stimme lauter werden lassen. Kommt Stress, taucht auch Wilma auf. Und Stress entsteht für Frauen dann, wenn sich alle Köpfe ihnen zuwenden und sie damit im Mittelpunkt stehen. Manche mögen das, lieben es sogar, aber ihnen gegenüber steht eine große Anzahl von Frauen, die allein schon Beklemmungen bekommen, wenn sie in einer Gruppensituation sich vorstellen und ihre Aufgabe beschreiben sollen. Wilma suggeriert dann »Gefahr! Gefahr!«, und – schwups – geht die Stimme hoch, der Kopf legt sich schief, Beine und Füße zeigen sich in einer merkwürdigen x-förmigen Haltung. Diese Pose soll schützen, weil wir uns klein und niedlich zeigen. Meint Wilma – und die Frauen agieren gegen sich:

- Es war klar, dass ich mich wieder blöd ausdrücke.
- Warum habe ich das nicht geübt, jetzt habe ich den Salat.
- Kollege xy wird nachher über mich hetzen.
- So wird das nie etwas mit mir.
- Vielleicht muss ich es endlich einsehen: ich bin einfach nicht gut genug.

Sie sind erschrocken, traurig, interpretieren, fantasieren, fühlen, erahnen ... Aber all das hat nichts mit einem selbst-respektvollen Umgang zu tun.

»Das ist typisch Frau«, findet auch Anne. »Man darf nicht so hässlich mit sich reden«, spricht sie mir auf Band. »Eher fürsorglich. Aufbauend.«

Da hat sie recht und auch wieder nicht ganz. Denn die Heididei-Tour, die viele Frauen an die Stelle der strengen Stimme setzen, ist auch nicht besonders hilfreich. Dieses *Habdischganzdolllieb!* ist nicht glaubwürdig. Wir werden in einem späteren Kapitel über »Beliefs« (Glaubenssätze) sprechen, dort bekommen Sie den theoretischen Hintergrund, warum das nichts bringt. Was den Selbstrespekt angeht, ist es schlicht und einfach eine Verarsche. Man nimmt sich nicht ernst, wenn man alles zukleistert und mit Puderzucker bestäubt. Selbstrespekt will, dass wir uns ernst nehmen – und das geschieht, wenn wir lösungsorientiert und wohlwollend mit uns umgehen.

Da viele Frauen aber noch immer davon ausgehen, dass Selbstsicherheit und Respekt von anderen gegeben oder nicht gegeben wird, schlägt Wilma mit ihrer Keule immer wieder zu. Anstatt sich zu vernetzen und zu üben, machen sich Frauen lieber klein oder ziehen die Schlussfolgerung, dass es wichtig ist, sich intensiv auf die Inhalte vorzubereiten. Dabei vernachlässigen sie die Präsentation. Intensiv ist aber nicht wirklich hilfreich, wenn die Folge eine Wirkung von starr bis angespannt ist. Anstelle von »Best Practice«, von Erfolgstandems und kollegialer Beratung, setzen sie auf individuelle, minimal wirksame Strategien und beschweren sich bei der lieben Göttin, dass die ihnen nicht so viel Selbstbewusstsein wie anderen mitgegeben hat. »Ich möchte doch nur, dass man mir gerne zuhört und mich mag!«

This is old. This is Wilma

Die Sache ist allerdings: Nicht nur wir, auch unser Gegenüber hat eine Wilma oder einen Fred Feuerstein in den Genen. Menschen, die komisch tun, die laut sind, sich zeigen und deutlich vertreten, irritieren. Sie sind eine Bedrohung. Das ist das alte Urprinzip aus der Sicht des Gegenübers. Solange Sie so harmlos und freundlich bleiben, wie Sie sind, so hilfsbereit und unterstützend, sind Sie einschätzbar und damit keine Gefahr. Ihr Umfeld möchte nicht, dass Sie sich verändern. Sie sollen so bleiben, wie Sie sind. Das ist vertraut. Alles andere macht nervös. Vielleicht hilft Ihnen das, zu verstehen, wieso manche Menschen bei Kleinigkeiten so schnell überdrehen. Sie müssen das nicht therapieren, Sie müssen es nicht einmal reflektieren, aber was Sie auf keinen Fall dürfen, ist, sich davon abhalten und beeindrucken lassen. Auch der Bruder von Anne hat vielleicht nach dem alten Fred-Feuerstein-Muster reagiert, das da heißt: »Wer macht hier einen Fehler? Ich ganz sicher nicht, du Kuh! Ich bin hier der Stärkere, und damit du das kapierst, hau ich dir jetzt erst mal die verbale Keule ins Genick. Und dann denke ich vielleicht darüber nach. Vielleicht. Vielleicht auch nicht, denn es macht mich klein und unsicher, wenn ich Fehler zugebe. Deswegen mache ich keine. Weil ich überleben will!«

Und bei all dem geht es nicht nur um bestimmte Situationen, sondern die anderen Menschen sind für uns auch wie ein Spiegel: Wenn mich die anderen mögen, so ziehen wir das Fazit, darf ich mich mögen, denn dann ist offenbar alles in Ordnung bei mir. Sie und Anne wissen inzwischen, dass der Spiegel ebenso umgekehrt funktioniert: Mag ich mich selbst, mögen mich auch – viele – andere. Hoffentlich nicht alle, denn es wäre eine Lebensstrafe, wenn uns alle Menschen mögen würden.

Ihr System und Wilma meinen es gut mit Ihnen!

Damit es sich festsetzt: Sie sollen überleben. Je dramatischer die Bilder sind, je furchterregender die Konsequenz in der Fantasie, desto eher werden Sie aufpassen, dass Sie nicht aus der Reihe tanzen. Sie werden in einer Sitzung mehr damit beschäftigt sein, ob Sie noch mal schnell auf die Toilette gehen sollen oder nicht, als Ihre Ideen zu strukturieren und Argumente zu sammeln. Je mehr Wilma sie beschäftigt, desto sicherer werden Sie in der alten Spur bleiben. Sie werden sich vielleicht ärgern – na gut, denkt Wilma, das verpufft wieder, Hauptsache, wir leben –, aber Sie werden weiter auf dem Pferd sitzen bleiben, das längst tot ist. Wenn Sie etwas verändern wollen, sich mehr Selbstsicherheit verschaffen und Eigen-Wille, ist es an der Zeit, Wilma an die Hand zu nehmen und ihr zu zeigen, wie gut Sie selbst auf sich aufpassen können und dass Sie so oder so in Sicherheit sind.

Und weil das nicht stimmt, denn offenbar fühlen Sie sich noch nicht so sicher, sonst würden wir uns ja nicht hier unterhalten, braucht Wilma erst einmal etwas anderes. Sie braucht ein dickes Dankeschön, dass sie sich so lange um Sie gekümmert und aufgepasst hat. Und sie braucht: *Urlaub.* Wilma hat seit Jahrtausenden geackert. Wenn Sie so wollen, liegen ihre Nerven blank. Schicken Sie Ihre Wilma doch für eine Zeit an den Strand oder in die Berge. Sagen Sie ihr, dass Sie jetzt ein bisschen Selbstrespekt üben wollen, *aber unbedingt* auf sich aufpassen werden. Und versprochen: Sie werden Wilma zu Hilfe rufen, wenn es brenzlig wird, und ihr später alles berichten und erzählen. Später wird wann sein? Verabreden Sie sich verlässlich mit Wilma, mit diesem Gefühl. Das ist wichtig, sonst bekommen Sie Wilma nämlich nie von der Backe. Sie wird weiter ängstlich besorgt an Ihrem Zipfel hängen.

Und dann, wenn Wilma im Urlaub ist, im Liegestuhl auf das Meer schaut und einen Cocktail trinkt (»Zum Wohl, liebe Wilma, den hast du dir verdient!«), üben Sie Ihr neues Leben.

»Okay«, schreibt Anne. »Jetzt habe ich wieder was kapiert. Es kommt also nicht alles aus mir, und es ist auch nicht alles gegen mich, sondern für mich nur auf eine etwas unbrauchbare Weise – für die heutige Zeit. Ich glaube, ich werde mit Wilma einen kippen, und dann will ich mich mal in die Gefahr der Neuzeit begeben, und die heißt Ich und Ich-Stärke und Ich-Kompass.«

Klingt nicht schlecht, denke ich. Mal sehen, was Anne mir nächste Woche davon berichtet.

6

I am the fucking queen of my fucking life!

Anne stürmt in das Beratungszimmer und legt mir euphorisch einen Aufkleber mitten auf den Tisch. Da steht es geschrieben: Gold auf lilafarbenen Grund: »I am the fucking queen of my fucking life!«

»Wo haben Sie den denn her?« Ich bin ganz aus dem Häuschen. Unlängst hatten wir noch darüber gesprochen, jetzt ist der Aufkleber da. Na, wenn das kein gutes Zeichen ist!

»Den hab ich aus einem Frauenbuchladen.«

»Frauenbuchladen!?« Jetzt bin ich noch überraschter. »Ach Gott! Die gibt es noch?« Schon erinnere ich mich an meine Frauen-WG-Zeiten. »Frauen nehmen Frauen mit«, war einer der Aufkleber auf meinem Auto und »Als Gott den Mann schuf, übte sie nur« ein Satz am Schwarzen Brett in unserer Küche. Ich erzähle auch Anne davon.

»Aber Sie meinen dann doch sicher Göttin, oder?«, berichtigt sie mich augenzwinkernd. »So viel Zeit muss sein!« Grins.

Stimmt! Diese Debatten hat es da schon gegeben. Wasserhahn? Nein! Wasserhähnin! Oder war es die Wasserhenne? Auf jeden Fall freue ich mich, dass Anne so gut gelaunt und energetisiert ist. Munter und frisch sieht sie aus.

»Ich wusste auch nicht, dass das ein bekannter Spruch ist«, erzählt sie, während sie mir zeigt, dass ihr Sticker auf der Vorderseite ihres Kalenders klebt. »Ich hab mich so gefreut. Das ist doch mal passend.«

»Und vor wenigen Wochen, wie hätten Sie da den Aufkleber gefunden?«

Mit der Frage hat Anne nicht gerechnet. Sie runzelt die Stirn, aber Sie und ich, wir wissen schon, worum es geht: Unterschiedsbildung! Korrekt!

»Vor wenigen Wochen, da hätte ich gedacht: was für ein blöder Spruch! Oder ich hätte zynisch reagiert: ›Ja, ja, und keiner hat keinem was zu sagen.‹ Jetzt, wo ich es sage, geht mir einmal mehr auf, wie sehr ich im Außen war. Also, dass es nicht geht, dass man eine *fucking queen* im eigenen Leben ist, weil andere Menschen ständig Zugriff auf einen haben. Das sehe ich jetzt anders. Noch nicht revolutionär anders, aber anders.« Sie streicht mit der flachen Hand über den Aufkleber. »Manchmal sind diese Sprüche gar nicht schlecht. Sie sind amüsant, und einige regen auch zum Nachdenken an. Es gab noch andere Aufkleber. Zum Beispiel: ›Nein, ist ein vollständiger Satz.‹ Der gefällt mir auch.« Anne packt den Kalender in die Tasche. »Aber ›I am the fucking queen of my fucking life‹ ist für mich erst mal nicht zu toppen.« Breit grinst sie mich an.

Klar! Die Botschaft des Satzes vermittelt sich sofort, ist wie ein Flash, unglaublich energiegeladen, rebellisch und spontan. Der Satz hat eine trotzige Kraft! Ganz besonders deswegen, weil er so glatt auf dem Aufkleber steht, ohne Schnörkel, Krönchen und dem anderen Prinzessinnen-Klimbim, den ich überall dort entdecke, wo es um Motivation für Selbstakzeptanz, Selbstannahme, Selbstrespekt oder um Würde geht. Würde? Jawoll! Oder besser: Das Recht zu haben, sich selbst und sein Leben zu leben, ungeachtet der Hitliste von Wünschen und Erwartungen, die andere Menschen an uns herantragen. Ein Zepter würde auch gut passen, spinne ich den Aufkleber dann doch ein bisschen weiter.

»Ich wäre wirklich gern die Königin in meinem Leben«, sagt Anne.

»Nicht nur Königin!« Ich tippe auf die Schrift. »*Fucking queen*. Das ist ein bisschen mehr als Queen Elisabeth. Das ist eher Meg & Harry.«

Meg und Harry, ich hatte von ihnen beim Friseur in der Regenbogenpresse gelesen. Adel ist nicht so ganz mein Ding, und ich bin auch nicht wirklich informiert, was hinter den englischen Schlossmauern alles so passiert, aber dass diese beiden sich im Frühling 2021 auf den Weg gemacht haben, bekommt man auch aus der Entfernung mit. Natürlich kenne ich die Fakten und Hintergründe nicht, und es interessiert mich auch nicht, welche Persönlichkeiten sich hinter den Fassaden verbergen, aber was ich verstehe, ist, dass diese beiden jungen Menschen das Prinzip von Selbstrespekt jetzt leben. Selbstverständlich sind sie finanziell sehr gut ausgestattet, da kann man schon mal *fucking Ich* sein, aber sie stehen im öffentlichen Rampenlicht und traten aus dem adligen Mief heraus, obwohl dieser Schritt viele Kommentare und viel Kritik herausforderte. Ohne Krone lebt es sich zwar leichter, aber die Gefahr zu scheitern, andere zu brüskieren, am Ende zu verlieren, da zieht sich sicher auch so manch royales Herz gelegentlich zusammen. Hinzu kommen die Auseinandersetzung mit den eigenen Sehnsüchten und Motiven und der Mut, etwas für sich zu wagen, diesen Schritt zu gehen.

»Uuuuh!« Auch Anne erschrickt bei der Vorstellung, als ich sie in meinen gedanklichen Ausflug in den Londoner Buckingham Palast einweihe. »Das würde ich gar nicht schaffen. Für mich ist es mehr als genug Übung, meine Person im Büro, in einer Teamsitzung einzubringen. Mein Kollege Louis spielt diese Schwäche immer mächtig gegen mich aus!«

Louis! Von dem hatte sie mir schon mal am Telefon erzählt. Es war in einem Nebensatz gewesen, ich erinnere mich, und nun tritt Louis hier prominent auf – und sie bezeichnet ihn sogar als mächtig. Obwohl Anne das so sicher nicht meinte. Aber Worte sind vieldeutig, und manchmal verrät das, wie wir etwas beschreiben, mehr, als man selbst zu wissen meint.

»Er ist der kleine Fiesling der Abteilung!« Anne hilft meiner Erinnerung auf die Sprünge. »Eine Zecke! Ein Saugnapf auf zwei Beinen. Wenn wir im Team arbeiten, muss er immer zeigen, was er kann und macht. Er spielt sich in den Vordergrund und spannt andere für seine Erfolge ein.«

»Wen denn alles?«

»Mich!« Anne verzieht den Mund. »Stimmt schon. Ich bin es am meisten. Aber diesmal habe ich es ganz gut hingekriegt. Nicht gerade *fucking queen*, aber immerhin schon mal prinzessinnenmäßig«, gesteht sie und legt dabei ihre rechte Hand so auf den oberen Brustkorb, als müsse sie ihr Herz beschützen. »Aber ich habe mich beobachtet und neu verhalten. Da war er richtig irritiert.«

»Welches Verhalten haben Sie denn geübt?«

»Dass ich mich ernst nehme. Ich habe immer mal wieder kurz gestoppt und nachgespürt: Mache ich das, weil es mir wichtig ist, oder weil andere das von mir verlangen?«

»Und dann?«

»Wir hatten eine Teamsitzung. Ein Brainstorming. Obwohl ich da sonst nicht so vorpresche, habe ich ziemlich schnell einen Vorschlag in die Runde geworfen.« Sie schaut mich aufrecht und klar an. »Ich war selbstbewusst und Wilma außer Haus. Ich habe mich selbst dabei beobachtet und in mich gefühlt. Louis war auch dabei. An diesem Tag war er ziemlich schlecht gelaunt, das hab ich sofort bemerkt. Wenn er so drauf ist, kann er echt eklig werden. Als ich mit meinem Vorschlag kam, hat er mich nicht mal angeschaut, sondern irgendwas in sein Handy getippt und lapidar in die Runde gemeint: ›Is nix für uns.‹ Ehe ich was erwidern oder erweitern konnte, hatte er mal wieder den Raum für sich. Da fühlte ich mich ziemlich *fucking*, aber im Sinne von *fucking* klein.«

Das ist jetzt genau die Stelle, an der man in einem beruflichen Coaching einsteigt. Als Coach würde ich mit Anne nun herausarbeiten, wie sie sich besser positionieren kann, wie besser kontern und auf welche Weise sich besser vertreten. Das ist sehr wirksam und kann im Nu etwas verändern. Es gibt viele – teilweise sehr überraschende – Beispiele und Wendungen, die ich von meinen Klientinnen kenne. Anne will aber mehr. Sie möchte nicht nur schnell reagieren, nicht nur die verbale Pistole zücken und dann in den Lauf pusten, sie will wissen, wieso sie so reagiert, wie sie reagiert. Wozu das nützlich ist?

Es ist grundlegender. Wenn wir wissen, woher das Gefühl stammt, dann verändern wir nicht nur über der Erde, sondern betrachten uns auch die Wurzel. Mit dieser Wurzelarbeit sorgen wir dafür, dass sich nachhaltig etwas verändert und nicht nur die eine Situation oder eine ähnliche. Mal schauen, wo die Geschichte mit Louis ihre Wurzeln hat.

»Hmm«, sage ich und frage:

»**Woher kommt dieses Gefühl? Ist es alt oder neu? Gibt es dazu eine Geschichte, eine Erfahrung?**«

Geht man einem Gefühl nach, ist es so, als würde man sich seinen Lebensfilm betrachten. Die an Anne gestellte Frage bringt Menschen in ihr inneres Archiv. Sie ziehen die Filmrollen ihres Lebens aus den Regalen, betrachten sich die Etiketten darauf und sehen gleich: *Ah, ja! Schau mal an: Hier ist es ja noch mal, das Gefühl. Und hier auch.* Blitzschnell wissen sie, ob diese Gefühlserfahrung neu ist oder schon mal da war und eher in die Rubrik *Dauerbrenner* gehört. Probieren Sie es aus. Es muss sich nicht immer um ein trauriges oder beklemmendes Gefühl handeln. Auch positive Gefühle haben ihre Geschichte.

Was ist Ihr Erfolgsmuster?

Fühlen Sie jetzt die Idee von großartigem Erfolg, überraschendem Gewinn oder mit großem Einsatz etwas geschafft zu haben nach. Ich möchte, dass Sie Ihr erstes Erfolgserlebnis finden. Und damit meine ich, das erste Erfolgserlebnis Ihres Lebens. Wann haben Sie zum ersten Mal das Gefühl gespürt, das wir heute mit »Yes!!!« oder »Ja!!!« ausdrücken? Mit einem deutlichen Strahlen im Gesicht. Gehen Sie in Ihrem Leben zurück und suchen Sie dort nach diesem Gefühl. Ein Stück und noch ein Stück und noch ein bisschen. Wann war das erste

Mal? Spüren Sie nach, wie Sie es geschafft haben. Mit dem Gefühl finden Sie gleich Ihr individuelles Rezept, Ihr Strickmuster für Erfolg.

Zum besseren Verständnis meine Geschichte: Ich muss etwa drei Jahre alt gewesen sein. Meine Eltern hatten ein kleines Hotel in Königstein, wir schreiben das Jahr 1963. Gutbürgerliche Küche, gutbürgerliche Zimmer, gutbürgerliches Essen. Zur Mittagszeit gab's Mittagstisch. Das war die Zeit, zu der ich jeden Tag vom Kindergarten heimkam. Allein, denn in den Sechzigerjahren traute man auch kleinen Kindern einen Fußweg zu. Ich liebte schon damals diese Selbstständigkeit. Neben dem Hotel war eine Kohlenhandlung.

Mittagszeit. Alle sind zu Tisch. Hinter dem großen Scheunentor, das weiß ich bereits, liegt die Kohle. Eierkohle, Stück für Stück für mich zu großen Bergen gehäuft. Ich hänge meine Tasche an die Hintertür des Hotels. Niemand sieht mich, und vermissen wird man mich erst später. Es ist nicht das erste Mal, dass sie mich suchen, aber heute bin ich früh zurück. Ich öffne das Scheunentor und schlüpfe hinein. Dort beginne ich mit meiner Bergbesteigung. Immer wieder rutsche ich abwärts, die Eierkohlen kullern runter, ich werde schmutzig vom Kohlestaub: Aber ich gebe nicht auf. Es ist schwer, der Staub flirrt im Sonnenlicht, niemand ist da. Irgendwann habe ich mein Ziel erreicht: Ich bin oben und stehe auf dem Berg. Es war ein Rauf und Runter, aber ich habe es geschafft! Ich bin schmutzig, aber glücklich. Der Gipfel ist erklommen, und ich blicke durch die Ritzen des Scheunentors nach draußen. In der mittäglichen Sonne gehen die Leute spazieren, sie wissen nicht, dass wenige Meter entfernt eine Heldin geboren wurde!

Obwohl ich meine Kohlenberggeschichte liebe, habe ich sie in der Zwischenzeit etwas verändert. Gehe ich heute etwas an, beschwöre ich nicht den alten Kohlenberg in mir herauf, sondern gestalte ihn innerlich um, zu etwas Leichtem, Fluffigem, Farbenfrohem. Als Regisseurin meiner inneren Filme darf ich machen, was ich will, denn es gibt nur ein Publikum – und das bin ich. Und: Von mir gibt es keine schlechten Kritiken!

»Das Gefühl ist so alt und modrig, dass es bereits müffelt«, erkennt Anne blitzschnell.

Die meisten Klientinnen können auf die Frage »Ist es ein altes oder neues Gefühl?« sofort eine Antwort geben. Manche Gefühle, auch wenn sie traurig oder hemmend sind, sind uns so vertraut wie ein altes Paar Hausschuhe. Irgendwie ausgelatscht. Man geht damit nicht tanzen, für die Haltung sind die Schuhe nichts, aber, ach ja, so vertraut. Eigentlich gehören die schon längst aus dem Kleiderschrank oder dem Filmarchiv der Gefühle aussortiert. Frage ich aber nach: »Wollen Sie das Gefühl hergeben oder behalten?«, möchten sich die Menschen nicht immer unbedingt davon trennen. »Es ist nicht schön, aber ich brauche es noch ein bisschen«, sagen sie dann.

Sie können sich nicht vorstellen, dass man traurige oder unschöne Gefühle behalten will? Denken Sie an das Gefühl der Trauer. Menschen, die in frischer Trauer sind, wollen zumeist dieses Gefühl auf keinen Fall *loswerden*. Sie brauchen es, um den Verlust zu verarbeiten. Und dann gibt es Gefühle wie meinen Kohlenberg, der eine Überarbeitung brauchte, und Gefühle, von denen wir wissen: *Ich kenne dich so gut und du hattest sicher deine besondere Aufgabe in meinem Leben. Nun ist es an der Zeit, dich zu verwandeln.*

Dafür müssen wir uns erst einmal die Geschichte betrachten und das Gefühl würdigen. Woher kommt es und wofür war es gut? Wie bei der Trauer kann es sich um einen Schutz handeln. Es kann sich aber auch eine Aufforderung darin verbergen. Ja, sogar ein Mutmachen ist in – an sich – eher beklemmenden Gefühlen zuweilen zu finden. Erinnern Sie sich an Wilma! Ihr System will leben und tut alles dafür, damit das geschieht. Nicht immer mit den besten Mitteln und klügsten Sprüchen und ganz sicher auch nicht immer auf dem neusten psychologischen Stand – aber Wilma arbeitet dennoch unbedingt für Sie! Gefühle haben ihren Auftrag, ihren Sinn. Selbst wenn sie manchmal bitter schmecken. Und sei es nur, dass Sie, wie Anne, dadurch daran erinnert werden, dass es noch etwas umzusetzen, neu zu leben gibt. Es ist gut, einem Gefühl nachzugehen, die Wurzel zu finden, damit wir es freudiger annehmen oder freudiger aktualisieren können.

»Wo war das Gefühl das erste Mal?«, frage ich nochmals nach. »Wann haben Sie es als Kind gespürt? Schließen Sie die Augen und gehen Sie dorthin.«

Anne braucht auch jetzt nicht lange, da hat sie die Situation gefunden. In uns ist wirklich so viel abgespeichert! Wir können es nutzen, um zu wachsen und auch, um uns an früherem Wachstum auszurichten.

»Wir hatten in der Familie oft eine gemeinsame Wochenendplanung. Ich wurde als Kind häufig aufgefordert, dafür irgendetwas zu besorgen, in der Küche zu tun. Mein Bruder und mein Vater planten Spiele. Es passierte mehrmals, dass ich losheulte, weil ich auch mitplanen wollte und nicht in der Küche Stullen schmieren. Ich hatte genug Ideen im Kopf. Vorschläge, die mir spaßig erschienen. Wenn ich die dann aus der Küche hinausrief, hieß es: ›Blödsinn!‹ Oder: ›Das passt nicht!‹ Sie plapperten über mich hinweg, und manchmal wurde ich auch ausgelacht, wie ich auf solch einen Schmarren von Idee nur kommen konnte. Oder mein Bruder rief einfach nur: ›Laaangweilig!‹«

Fast kann ich den Bruder hören. Schrecklich, wenn man so abgewürgt wird. Unfair! Und überhaupt: Wieso müssen Mädchen eigentlich Brote schmieren und dürfen nicht planen? Mich kann diese alte Rollenzuweisung echt auf die Palme bringen, besonders deswegen, weil es sie noch immer gibt. Ein bisschen steckt da auch der Ausflug mit den Freundinnen drin, finden Sie nicht auch? Mein Mann beschreibt das gerne mit den Worten:

Das Gefühl sucht sich den Anlass

Er will damit ausdrücken, dass unerlöste Gefühle in unserem Inneren herumgeistern und wie alte Gespenster ans Licht wollen. Bei Anne könnte es das Gefühl sein, *nicht vollwertig* zu sein. Nicht zu passen. Dafür findet unser Inneres dann die entsprechenden Gelegenheiten.

Unsere Seele möchte üben. Das *laaaangweilig* und den damit verbundenen Schmerz könnte man also auch als kleinen Hinweis sehen, dass es da noch etwas zu üben und zu heilen gibt. Geschieht das, können sich diese Themen verabschieden und zur Ruhe kommen.

Und wie merken wir, wenn etwas geheilt ist und uns nicht mehr triggert? Wir finden es dann unhöflich, aber es erschüttert uns nicht mehr. Unsere Grundfesten sind unberührt.

Das erinnert mich an eine Punkerin in München, die mir »Du dumme Gans!« nachrief, weil ich ihr kein Geld gab. Ich musste herzlich lachen, denn lange hatte ich diese märchenhafte Beschimpfung nicht mehr gehört. Dafür wollte ich ihr direkt etwas geben, denn die Autorin in mir war geradezu begeistert, diesen Begriff zu hören. Wunderbar! Auf der Tiefenebene: Ich habe damit keine Geschichte. Es triggert mich nicht. Hätte sie: »Du tollpatschiger Elefant!« gerufen, hätte es in mir *gezwickt*, und damit hätte ich gewusst: Christine, schau und fühl da mal hin, da gibt's ein Thema, das gesehen und verabschiedet sein will. Aber genau genommen, in diesem Moment, wo ich das schreibe – eigentlich bin ich auch damit durch. Eine alte Geschichte, die nun beendet ist und damit keine Gefahr in sich birgt, eine lästige Metapher zu werden. So weit klar? Wenn nicht, fragen Sie mich.

Meine Aufmerksamkeit geht nun wieder zu Anne. Man muss nicht mit ihr verwandt sein, um mit ihr zu fühlen.

»Meine Ideen waren nicht blöd.« Anne versucht sich auch jetzt noch zu verteidigen. Es steckt fest in ihrem Unterbewussten, dass man ihr das offenbar nicht zutraut. Es ist eine alte Befürchtung. Ein Glaubenssatz. Der sollte aktualisiert werden, denke ich mir, denn es ist davon auszugehen, dass Anne schon für sehr viele ausgefallene Ideen Begeisterung bekam, nur erinnert sie sich ungeschickterweise nicht daran, wenn sie diese braucht. »Meine Ideen waren bunt.« Anne schaut mich ernst an. Auch wenn sie es sagt, scheint sie nicht davon überzeugt zu sein, denn wenn sie ihrer Aussage glauben würde, würden ihre Mundwinkel automatisch nach oben gehen. Das ist ein unwillkürlicher Effekt, wenn wir an etwas denken, das uns stolz macht.

Sie lässt ihren Blick wandern. »Es ist nur so – weil ich kein besonders sportliches Kind war, hatten meine Ideen wenig Wettkampfcharakter. Mir lag nichts an Rudern, Klettern, Wandern.«

»Was wollten Sie denn unternehmen?«

»Museen fand ich gut.«

Museen! Ich liebe diese Orte, aber diese Freude wird nicht immer geteilt. »Muss ein Glückspilz sein, der eine ganze Familie dafür begeistern kann.«

»Das stimmt.«

»Aber lassen Sie uns noch mal zurückgehen. Louis hat Sie – mal wieder – wie behandelt?«

»Wie ein Arsch.«

»Ich übersetze: Es ist respektlos, eine Idee einfach wegzubügeln und dabei nicht mal hochzublicken. Keine gute Kinderstube, so erscheint es. Vermutlich versteckt sich dahinter ein Grund, ähnlich wie bei Ihrem Bruder – lassen wir es bei ihm. Das Gefühl hat sich nur den Anlass, nämlich ihn, gesucht. Wie fühlten Sie sich? Verärgert?«

»Das Wort passt nicht ganz. Ich fühlte mich nicht ernst genommen.«

»Und nun schauen Sie auf Ihre Prioritäten. Was lesen Sie?«

»Ernst nehmen!«

»Exakt. Ernst genommen zu werden, zählt zu Ihren Top-drei-Grundbedürfnissen in der Begegnung. Das wurde verletzt. Nicht von Louis, Ihrer Familie oder Ihrem Bruder, die haben Sie alle nur daran erinnert, dass es da eine Erfahrung gibt, die es zu erlösen gibt.«

»Leider ist es kein Luftballon, den ich einfach loslassen kann, auch wenn in manchen Büchern genau dies empfohlen wird.«

»Ich bevorzuge zwei bestimmte Schritte, wollen Sie die hören?«

Anne nickt. »Na klar, deswegen bin ich hier!«

»Erstens sollten Sie hier das Gold finden und zweitens erneut erkennen, dass Sie Ihre Ideen wichtig nehmen sollten, damit es auch die anderen tun. Denn … gehen Sie zurück in die Situation … wie qualifiziert haben Sie sich selbst in der Situation eingeschätzt?«

»Schluck!«

»Schluck ist schon mal ein guter Anfang.«

»Eigentlich gar nicht«, gesteht sie sich ein. »Schon als sich die Idee in mir formte, ich sie aussprechen wollte, dachte ich: Ach, das ist doch Blödsinn, die winken das eh weg, versuch's erst gar nicht. Dann hab ich es gesagt, aber ich war viel zu hektisch, so als erwarte ich jeden Moment, abgewürgt zu werden. Und meine Stimme war auch zu hoch. Ich glaube …«, sie greift sich an die Stirn. »Verdammt! Ich habe auch noch blöd gelacht!«

»Das war Wilma! Die wollte Sie retten. Lächelnden Mädchen tut man nichts. Ist halt Urzeit.«

»Keine gute Strategie.«

»Sie gab ihr Bestes. Hat ihren Urlaub für Sie unterbrochen. Da sehen Sie mal, wie wichtig Sie ihr sind. Aber noch mal zu der Erfahrung, die Sie gemacht haben. Wenn Sie sich selbst nicht ernst nehmen, respektieren Sie sich nicht. Dabei ist es egal, was die anderen zu einer Idee sagen. Egal ob wunderbar, super, genial oder purer Mist. Dem Menschen, der sich ernst nimmt, ist fast jede Rückmeldung egal. Sogar die gute.«

Sich selbst ernst zu nehmen, verlangt Kenntnis darüber zu haben, was man will, und gegebenenfalls auch darauf zu bestehen. Das ist keine Gabe, sondern beruht auf Wissen. Wenn wir vorbereitet sind, etwas durchdacht haben, können wir kontern. Das ist schwer, wenn wir nur halb wissen, was wir wollen oder als Idee anbieten. Wer sich ernst nimmt, in allen Phasen einer Idee, lässt sich nicht nur nicht wegbügeln, er oder sie wird nur schwer weggebügelt werden, weil da noch immer ein Rest Kraft ist, der protestiert. Fehlt die Vorbereitung, kann so ein flegelhaftes Getue einen schon mal aus der Bahn werfen, weil man sich fragt: Ups, was war denn das? Und wo bin ich und was will ich eigentlich noch mal?

Darüber hinaus nimmt sich ein Mensch, der sich ernst nimmt, so ernst, dass er bereit ist, Entscheidungen und Standpunkte zu überlegen, sie notfalls zu erweitern, zu überarbeiten, anzupassen oder sogar zu revidieren. Sich ernst nehmen bedeutet nicht, dass man unfehlbar ist. Es bedeutet in erster Linie, sich zuzuhören und zwar mit all der Präsenz, die man auch einem anderen Menschen erweisen würde, den man respektiert. Auch *zuhören* steht auf Annes Liste. Wenn wir einen anderen Menschen oder uns selbst respektieren, hören wir zu und sind bereit zu diskutieren. Genau das ist der Weg, möchte man für sich eine größere Bedeutung gewinnen. Sich selbst so ernst nehmen und respektieren, wie man die anderen ernst nimmt und respektiert. Und dazu stehen.

Menschen, die sich selbst nicht respektieren, die befürchten, dass ein Gedanke von ihnen mit Nonsens, Quatsch, Blödsinn oder Gelächter kommentiert wird, ziehen sich oft zurück und beginnen zu schweigen, anstatt auf Strategie und Vorbereitung zu setzen. Sie atmen genervt aus und lassen andere entscheiden. Und mehr und mehr entscheiden sie ganz viel nicht mehr, sondern kicken den Ball schon mal vorsichtshalber ins gegnerische Feld. Weil sie Mühe macht, all die Nachdenkerei, bis man entscheidet. Ja, das macht sie. Mühe.

Das Leben fordert uns nicht jeden Tag mit riesigen Entscheidungen heraus, sondern besteht aus einer Vielzahl von kleinen Entscheidungen. Ketchup oder Mayo? Oder beides? Treppe oder Aufzug? Sport oder Couch? Serie oder Doku? Weißwein oder Tee? Sicherheit oder Wagnis? Abbrechen oder weitermachen? Die Menschen, die sich nicht mühen wollen und lieber Wilma nachgeben, spielen den Ball schnell zurück. »Wie du meinst!« Oder: »Entscheide du!« Sie fürchten, dass ihre Wahl oder Entscheidung nicht gut ankommt, sie sich blamieren und nicht erklären können. Oder sie haben im Laufe der Jahre die Lust verloren, ihre Wünsche laut zu äußern. Ich hatte schon Klientinnen, die gaben gleich auf und dachten gar nicht mehr nach. Sie verschwanden voll und ganz in den Wünschen und Bedürfnissen anderer Menschen – weil sie gar keine Idee mehr hatten. Zu viel Mühe für nichts. Sie passen sich am Ende an oder geben einer anderen Idee nach, die zwar nicht besser, aber lauter ist.

»Bei meiner Mutter war es so«, erinnert sich Anne mit einem Mal. »Sie setzte sich mit mir hin und wollte wissen, welche Ideen ich für ein – sagen wir mal – Fest hatte. Ich war erst ganz stolz, zählte die auf, brachte mich ein. Sie hörte zu und sagte am Schluss: ›Also, wir machen es so …‹ Dann zählte sie exakt ihre Ideen auf – und zwar *exklusiv* ihre. Irgendwann habe ich aufgehört, wirklich mitzudenken. Ich hab ihr nur irgendetwas hingeworfen, das sie dann vom Tisch fegen konnte.« Also kam Anne auch bei diesen Festplanungen nicht an, beziehungsweise gab schnell auf, setzte sich nicht durch, holte die Fahnen ein. »Es wurde mir irgendwie egal«, ergänzt sie noch diese Erfahrung.

Es ist meine Idee!

Sie können selbst nur dann etwas vertreten, wenn Sie wissen, was Sie wollen. Im Zweifelsfall kann das auch so aussehen: »Ich habe darüber nachgedacht und festgestellt, dass es mir egal ist, ob wir das eine oder das andere machen.« Die wichtigsten Worte dabei sind: *nachgedacht* und *festgestellt*. Dann wird aus einem Satz eine Entscheidung, die mit Nachdruck vorgetragen wird. Bei seiner Idee zu bleiben, bedeutet manchmal, den Ball wieder und wieder ins Spiel zu bringen. Das erfordert Energie. Die können wir nur aufbringen, wenn wir wissen, was wir wollen. Nun können wir nicht bei jeder Sache, die an uns herangetragen wird, vorher ins Yogastudio gehen oder einen Meditationskurs belegen, aber was wir tun können, ist, in uns hineinhören:

- Will ich das oder will ich es nicht?
- Und wenn ich es tun muss, welche Haltung hilft mir dann, dass es zu meiner Entscheidung wird?
- Wie kann ich das, was ich will, öffentlich machen?

Das ist die Botschaft, die in Ihrem Inneren ankommen soll: Es ist meine Idee, meine Entscheidung! Damit ermächtigen Sie sich, damit werden Sie zur *fucking queen* in Ihrem Leben.

»Ich gebe zu«, wägt Anne sichtbar ab, »dass ich mich in der Vergangenheit um dieses Nachdenken herumgedrückt habe. Ich fand es einerseits lästig, aber andererseits wollte ich tief im Inneren auch nicht die Erfahrung wiederholen, die ich als Kind erlebt hatte. Bitte kein Streit. Bitte nicht öffentlich zur Schau gestellt werden. Es war nicht nur leichter, es war auch sicherer mitzulaufen.«

Anpassung gibt Sicherheit. Das ist die positive Absicht des scheuen Gefühls. Sehen Sie Wilma vor Ihrem inneren Auge? Ich tu's! Wir geben nicht aus Feigheit auf oder nach. Wir geben nach, weil wir uns Sicherheit wünschen. Die Sicherheit der Familie, des Partners, der Mutter, des Teams – um Annes Schwerpunkte zu wiederholen.

»Wie finden Sie die Idee, die nächsten Tage immer mal wieder für ein paar Minuten in die Kindheit zurückzuwandern, die Szene mit Küche, Bruder und Vater zu erinnern und sie dann wie eine Regisseurin zu verändern? Sie geben sich die Anweisungen. Ziehen Sie Ihrer Familie schräge Kostüme an, setzen Sie Ihrem Bruder ein Geweih auf und lassen Sie ihn auf einem Tretroller mit falschem Fuchsschwanz durch die Küche fahren … Es gibt tausend Möglichkeiten, diese Situation, die sich in Ihnen als Film eingebrannt hat, zu verändern. Aber es muss krachend wild sein, das ist die Vorgabe.«

»Meinen Sie: Stampf mit dem Fuß auf den Boden, wenn sie dich nicht anschauen, und dann wirf mit Torte?«

»Da sind Sie ja schon mittendrin. Spielen Sie verschiedene Möglichkeiten durch. Kreieren Sie jeden Tag einen anderen Film. Einmal können Sie eine seriöse Anwältin auftreten lassen, das nächste Mal werfen Sie mit faulen Eiern. Egal! Es darf schräg sein und Spaß machen. Sie können den Film mit Musik, etwa von einer Zirkuskapelle, unterlegen. Es können mit Ihnen Clowns, Tiger und Löwen auftreten. Oder Sie verlegen die Szene unter Wasser, in Neptuns Reich. Die kleine Hexe kann kommen, Pippi Langstrumpf oder Frau Waas aus *Jim Knopf und Lukas der Lokomotivführer*.«

Anne lacht laut los. »Dann würde ich bei Louis, wenn er sich wieder so doof benimmt, ›Waaaas?‹ rufen und mit dem Finger drohen.«

»Sehen Sie«, ermuntere ich Anne, weiter zu fantasieren. »Es geht schon los. Sie holen sich die Macht zurück. Wenn Sie dieses Gefühl etablieren und es so lässig spüren wie jetzt, werden Sie ein ganz anderes Auftreten haben und sich durch und durch ernst nehmen und respektieren. Der neue Film entkräftet die Bilder, die Sie in sich haben. Das wird Sie frei machen.«

»Und in der Realität?«

»Fake it till you make it! Geben Sie sich klarer und eindeutiger, als Sie sich fühlen. Die Sicherheit zieht schon nach, wenn Sie Ihre Hausaufgaben gemacht haben und wissen, was Sie wollen.«

Anne zeigt mit dem Daumen hoch.

Fake it till you make it

Einfach tun, als ob! Das ist ein wunderbarer Kniff, um etwas schnell zu lernen – und unsere Seele bekommt den Fake nicht einmal mit. Bei dieser Übung tun Sie einfach so, als ob Sie schon das realisieren und umsetzen würden, was Sie sich jetzt noch nicht zutrauen. Proben Sie den Echtzustand. Ihr Unterbewusstsein und das Gehirn können nicht unterscheiden, was real ist und was nicht, sondern werden die Situationen als wirkliches Verhalten und eine neue Erfahrung abspeichern. Das ist der Clou bei der Sache. Der Fake unterstützt eine Veränderung, indem wir so tun, als wären wir bereits zu allem fähig. Es dauert nicht lange, dann glauben wir es. Und dann müssen wir es bald auch nicht mehr glauben, denn dann ist es Realität geworden. Selbst wenn Ihnen das erst überzogen vorkommt, genauso wie mit der Zirkusnummer – keine Sorge, es pendelt sich alles ein. Erst sind wir auf der schwachen Seite, irgendwann geht es rüber in die starke – und schließlich finden wir uns in der Mitte wieder. So ist das Pendel und so sind wir. Ausprobieren!

»Das bedeutet für mich, dass ich in der nächsten Sitzung, wenn Louis sich wieder dicke macht, so tue, als würde ich es nicht merken. Ich könnte einfach weiterreden. Oder, wenn er weiter auf das Display seines Handys schaut, fragen: ›Ist das dein Teleprompter?‹« Sie muss kichern. »Es gibt tausend blöde Sachen, die ich sagen könnte. Das würde ihn verblüffen und aus dem Konzept bringen.«

Allein darüber nachzudenken, bringt vor allen Dingen Anne aus dem Konzept und zwar aus dem alten. Neue Wege benötigen neue Impulse. Vieles können wir in unserem Kopf, in unserer Vorstellung gestalten. Manches klebt ein wenig an den Schädelwänden fest. Kann man aber auch lösen. Mit der Zeit.

7

Stimmen im Kopf.
Manche nennen das Mind Fuck!

Wenn ich den Ausdruck »Mind Fuck« höre, schüttelt es mich immer ein bisschen. Verstehe ich das richtig, ist damit unser Gedankenkarussell gemeint. Oder es geht bei ihm um die springenden Affen im Buddhismus. Ja, wir denken viel zu viel und nicht immer unterstützend. Aber wenn das alles Fuck sein soll, entschuldigen Sie bitte, dann ficken wir uns damit selbst. Nicht unser Kopf bestimmt über uns, sondern wir sind die Chefin in unserem Leben. Außerdem ist alles, was wir fühlen und denken, erst einmal *für* uns und nicht *gegen* uns gedacht – aber, wie schon beschrieben, nicht immer auf die aktuellste Weise. Meine Meinung: Wenn wir schon Gedanken haben, die nicht wohlwollend und förderlich sind, sollten wir das nicht noch als Fuck abtun, und vor allen Dingen sollten wir uns nicht selbst suggerieren, dass das unser Mind (unsere Gedanken) autonom, sozusagen aus Jux und Tollerei von alleine tut. Unsere Gedanken sind unsere Gedanken, die in unseren Köpfen entstehen. Sie und ich und Anne – wir sind für die Pflege unserer Gedanken verantwortlich.

Ich möchte Ihnen dazu etwas erzählen, während Anne sich in »Fake it till you make it« übt. Anne und ich, wir hatten mehrfach über Gedankenpflege gesprochen, weil sie immer mal wieder Überzeugungen von sich hat, Annahmen, die wie belegt erscheinen, es aber nicht sind. Diese Überzeugungen haben wir alle. Jeder und jede denkt irgendwas von sich, und je nachdem, wie gerade die emotionale Stabilität ist, kann sich das auch schon mal auf der Skala unterhalb der Null abspielen. Menschen sprechen oft nicht freundlich über sich. Nicht wertschätzend, nicht aufbauend. Das stimmt. Aber es ist kein Fuck, sondern ein verzweifelter Versuch, uns selbst zu stützen, der optimierbar ist. Und weil er dies ist und manchmal etwas hilflos und ungeordnet erscheint, sind wir dazu aufgerufen, unsere Gedanken *mitzubekommen*. Nicht *es* denkt, sondern *wir* denken. Allerdings denken wir es häufig nicht nur, sondern glauben es auch noch! Solche Gedanken nennt man Glaubenssätze oder auch: Beliefs.

Beliefs sind Überzeugungen, an die wir glauben, denn sie scheinen durch vergangene Erfahrungen belegt. Oft entsteht dadurch eine Ursache-Wirkung-Regel. Glaubenssätze sind absolute, intensive Bewertungen, die dummerweise an Gefühle gekoppelt sind. Das macht sie so wirksam. Wer sich als Null fühlt, tut das nicht neutral und achselzuckend. Dieser Mensch hat Bilder von Erfahrungen im Kopf oder im Unterbewusstsein, wie er versagte – und die passenden Emotionen kommen dabei auf. Der Cocktail wird als Grundlage für die Zukunftsaussichten genommen. Einmal nicht geschafft, wird es auch in Zukunft nicht zu schaffen sein. Pech in der Liebe – Erfahrungen aus der Vergangenheit sind die Basis. Sonntagskind, Glückskind, Pechmarie – alles durchwirkt mit vielen Glaubenssätzen. Das, was wir von und über uns glauben, bekommt durch unsere Gedanken und die dazugehörigen Gefühle eine große Kraft, Wirklichkeit zu werden.

Sicher kennen Sie den Spruch, der dem englischen Schriftsteller Charles Reade (1814–1884) zugesprochen wird:

> *Achte auf deine Gedanken, denn sie werden Worte.*
> *Achte auf deine Worte, denn sie werden Handlungen.*
> *Achte auf deine Handlungen, denn sie werden Gewohnheiten.*
> *Achte auf deine Gewohnheiten, denn sie werden dein Charakter.*
> *Achte auf deinen Charakter, denn er wird dein Schicksal.*

Die Gedanken sind nicht nur in unserem Kopf, sie werden unser Wesen, unser Körper, unsere Perspektive. Dazu müssen Sie nicht mal darüber sprechen, brauchen nichts sagen. Ihr Körper, Ihre Mimik und Gestik, Ihre Wirkung, die übernehmen das schon für Sie.

> ### Unser Körper, unsere Perspektive
>
> Eine Frau, die stolz ist, geht aufrecht.
> Eine Frau, die sich liebt, zeigt ein Lächeln.
> Eine Frau, die sich schätzt, hat eine aufrechte Haltung.
> Eine Frau, die immer für alle da ist, sieht sich oft um.
> Eine Frau, die sich nicht respektiert, zeigt sich zurückhaltend.

Wer sich wie jemand fühlt, der nicht respektiert wird, der tritt auch so auf. Wer tief im Inneren keine Liebe für sich empfindet, ist nicht anziehend. Als frühere Heiratsvermittlerin habe ich dafür genügend Beispiele im Kopf. *Wir* sind die Autorinnen der Sätze, die wir denken. Unsere Gedanken sind erst mal für uns da. Sie machen das, was wir ihnen suggerieren, und später sind wir dann sauer, weil es so kommt.

> ### Bestandsaufnahme
>
> Beobachten Sie eine Stunde lang, was Ihnen alles so durch den Kopf geht. Nicht darüber sinnieren, einfach registrieren, so als wären Sie in einer Kunstausstellung in Ihrem Kopf und Ihre Gedanken wären Bilder. Sie werden sich wundern, was da alles zusammenkommt. Von barocker Kunst bis zu moderner Installation, die Sie selbst kaum mehr zuordnen können.

Vieles denken wir unbewusst, und damit diese Gedanken dennoch eine große Wirkung haben, ist es gut, sie auszuschmücken und mittels ein paar Sätzen zu gestalten. Negative Glaubenssätze sind in der Regel kurz und bündig und haben Signalwörter wie »nie«, »immer«, »gar nicht«, »niemals«, »niemand«, »keiner« oder »alle«. Damit haben Sie auch schon die Worte, bei denen Sie ab jetzt aufmerken sollten, wenn Sie diese denken oder Sie einen anderen Menschen verwenden hören. Zu 99,99 Prozent wird es sich um einen Glaubenssatz handeln, und jetzt können Sie – je nach Inhalt – unterscheiden, ob es ein positiver oder negativer ist.

Glaubenssätze navigieren uns durch unsere Welt und durch die Welt, wie wir sie für uns beschreiben.

Menschen bilden Glaubenssätze hinsichtlich:

- Ursachen (Es liegt an meiner schiefen Nase, dass ich kein Supermodell werde.)
- Bedeutung von etwas (Rosen sind ein Zeichen der Liebe.)
- der eigenen Identität (Ich bin zu jung, zu alt, zu klein, zu groß, zu dick, zu dünn, zu kompliziert, zu chaotisch, zu langweilig, um …)
- der Gesellschaft (Das sagt dir doch der gesunde Menschenverstand!)
- Spiritualität (Brave Mädchen kommen in den Himmel!)

Das heißt nicht, dass die Welt so ist, wie wir sie gerade sehen. Rosarot, himmelblau, grasgrün oder bittergelb. Um herauszufinden, in *welcher Welt* wir uns bewegen, müssen wir achtsam sein, damit wir mitbekommen, was wir *so* denken – und es dann unter die freundliche Lupe nehmen.

Wie kommt man raus aus der Nummer?

Zu entdecken, welchen Glauben wir von uns selbst haben und diese Glaubenssätze zu registrieren, zu hinterfragen und auf den Prüfstand zu stellen, hat etwas Spektakuläres. Es verändert das Leben, wenn Menschen die inneren Botschaften erkennen, die ihnen als Drehbuch für ihr Leben dienen. In der Arbeit mit Glaubenssätzen geht es nicht darum, Situationen schönzureden oder umzudrehen. Erstes Ziel ist es zu erkennen:

- Unterstütze ich mich?
- Oder blockiere ich mich?

Je nachdem, was Sie von sich denken und glauben, werden Sie auch leben. Es ist Ihr Design! Das gilt auch für die Mythen, die großen Geschichten, die Sie kreieren. Dann sind nicht nur Sie eine unsichtbare Frau, sondern alle Frauen sind ab einem bestimmten Alter unsichtbar.

Das Beruhigende: Alles, was sich entwickelt hat, kann man auch wieder zurückentwickeln. Der erste Schritt dorthin ist das Finden Ihrer Glaubenssätze und Mythen. Der zweite das Hinterfragen und der dritte das Auflösen beziehungsweise Abwandeln.

Wo wachsen Glaubenssätze?

Nicht auf Bäumen, so viel kann ich Ihnen verraten, sondern im Gewächshaus unserer Familie. Besser gesagt in der Kindheit, in der Zeit, als wir noch keine Vergleichsmöglichkeiten hatten und man uns jede Gans mit Applaus auftischen konnte.

Wer keine Vergleiche hat, kann sich schwer eine Meinung bilden. Es wäre deshalb interessant, jetzt einmal kurz in der eigenen Kindheit spazieren zu gehen. Wie haben Ihre Eltern über Sie gesprochen? Welche Kosenamen hat man Ihnen gegeben? Was hat Ihre Mutter zur

Nachbarin oder der Vater zu einem Kollegen über Sie gesagt? Welchen Charakter schrieb man Ihnen zu? Welches Etikett befand sich an der Schublade, in die man Sie steckte? Es ist nicht schön? Reißen Sie es ab und ersetzen Sie es durch ein neues.

Je wichtiger uns der Mensch ist, der diese Aussage über uns macht oder machte, je intensiver und somit prägender der Moment war, in dem diese Aussage über uns in der bestimmten Situation fiel, desto eher glauben wir sie. Unsere Eltern zählen dazu, die ersten Lehrer, die Clique in der Pubertät und bei Frauen ganz besonders stark die »beste Freundin«, die ja so etwas wie ein Sehnsuchtsbild ist, dessen kritischen Seiten leider nicht so gern gezeigt werden. Von der Lieblingsfreundin zur Sister Bitch ist es oft nur ein kleiner Sprung. Wie sich unser Selbstrespekt auf- und ausbaut, hat sehr viel mit diesen Menschen zu tun und was sie zu uns sagten. Je jünger wir sind, desto eher *glauben* wir, was diese Menschen zu uns sagen, und nehmen die Bewertung teilweise eins zu eins an.

»Meine Mutter sagte mir oft ganz direkt, dass ich sehr ungeschickt wäre. ›Das freundliche Mädchen mit den zwei linken Händen‹ nannte sie es.« Anne sucht in ihrer Erinnerung wichtige alte Geschichten zusammen. »Eine Cousine klärte mich bei einem Spaziergang sehr eindringlich darüber auf, dass ich hässlich sei. Sie meinte, das war wohl als Aufmunterung gedacht: ›Aber du bist ja so ganz nett. Wenn ein Junge das erkennt, wird er über dein Aussehen wegsehen.‹ Und dann fällt mir noch eine Schulfreundin ein, meine erste und damals die beste, die mich emotional dazu zwang, alles mit ihr zu teilen, weil *echte Freundinnen* das so machen.«

»Diese ganzen Sätze wurden für Sie zu Glaubenssätzen«, sage ich und mache Anne weiter darauf aufmerksam. »Sie haben diese Gedanken übernommen, und tief im Inneren glauben Sie, die Sätze wären wahr. Die Menschen, die das zu Ihnen sagten, werden sich vermutlich nicht mal mehr daran erinnern, aber etwas war an diesem Tag, in dieser Stunde, dass ein Satz wie ein Samen bei Ihnen auf fruchtbaren

Boden fiel und daraus ein Baum entstand, der noch heute große Schatten wirft. Und das Zweite, was einen Glaubenssatz begünstigt, sind permanente Wiederholungen des Satzes in Gestalt von: *Ich habe recht!* sowie die einprägsamen Emotionen, die diese Botschaften auslösen. Auf diese Weise entsteht eine Sammlung meist unvorteilhafter Einschätzungen von sich selbst, die Selbstrespekt schwer machen.«

»Da fällt mir was auf!« Anne ist mit einem Mal sehr aufgeregt.

»Haben Sie es mitbekommen?«

»Was?«

»Na, die ersten drei Beispiele, die ich brachte. Das ist doch der Arc de Triomphe, um den ich hier immer wieder fahre und den Ausgang nicht finde:

- Sei nett und man wird dich lieben.
- Sei freundlich, denn du hast Fehler.
- Teile, damit ich bleibe.«

Nein, das hatte ich nicht mitbekommen, weil ich so in Gedanken war, wie ich Anne die Sache mit den Glaubenssätzen am besten erklären kann. Wie gut, dass sie inzwischen so viel selbst mitbekommt! Sie hat den Dreh raus und wird meine Hinweise bald nicht mehr brauchen.

»Aber Glaubenssätze sind nicht nur negativ!« Mir ist wichtig, das richtigzustellen. »Das Wort ›Glaubenssatz‹ ist nur der Briefumschlag und damit neutral. Ob der Glaubenssatz positiv oder negativ ist, erzählt uns der Brief, der sich darin befindet. Aber alles, was Menschen zu uns sagen, ob positiv oder negativ, ist nichts anderes als ein *Standpunkt*. Eine Meinung. Eine Ansicht. Jemand sieht Sie aus einem bestimmten persönlichen Blickwinkel so. Sie können darüber nachdenken, die Rückmeldung als Impuls nehmen oder unberücksichtigt lassen. Sie sind die Chefin in Ihrem Leben – und diese Entscheidungsmöglichkeit hat auch Geltung für die Zuschreibungen, die man Ihnen hinschiebt.«

Menschen sagen:

- Das darfst du so nicht sehen.
  Warum nicht? Aus welchem Grund?
- Du kannst das nicht.
  Kann sein oder auch nicht. Und, wenn, dann macht das nichts. Ich konzentriere mich lieber auf das, was ich kann und was *mir* wichtig ist.
- Dafür bist du nicht geschaffen.
  Gut, dass wenigstens eine Person über mein Leben Bescheid weiß. Nein – ich meinte nicht dich!
- Du bist halt eher die Ruhigere.
  Von mir aus. Vielleicht hat das mehr mit dir zu tun als mit mir.
- Wenn wir dich nicht hätten!
  Trage ich einen Heiligenschein? Nein danke, macht euren Kram selbst.
- Keine ist so lieb wie du!
  Leck mich!

Menschen versuchen andere Menschen für ihre Zwecke zu manipulieren. Mal zuckrig, mal sauer, mal mit Überheblichkeit wie Louis, mit Launen oder wie bei Annes Bruder: indem man bockig schweigt. Aber lassen Sie sich von mir nicht aufs Eis führen. Auch ich bilde bereits neue Glaubenssätze, indem ich Louis und Annes Bruder so beschreibe. *Sie sind, sie tun, sie machen, sie können, sie können nicht.* Menschen bilden ständig diese Sätze und stellen damit Behauptungen auf. Wenn sie sich jeden Tag diesen kleinen Botschaften ohne Überprüfung hingeben, ist es kein Wunder, wenn sie sich irgendwann so fühlen. Es liegt an uns selbst, zu filtern, was wir davon für relevant halten und was nicht.

Die wichtigsten Werkzeuge, um aus Schubladen herauszukommen, sind Fragen. Zum Beispiel:

- Wann hast du das bemerkt?
- Ist das wirklich *immer* so?

- Bist du dir sicher, dass mich niemand versteht? Niemand?
- Wie kommst du darauf, dass ich das nicht kann?
- Ist das wirklich wahr? Gibt es dafür Beispiele?
- Hast du mich auch schon anders erlebt?
- Welche Wirkung soll dein Satz bei mir haben?
- Möchtest du mir irgendwas sagen?

»Oje!«, stöhnt Anne auf. »Das ist verdammt wahr. Je mehr ich darüber nachdenke, desto deutlicher wird mir, dass ich den ganzen Tag nur Glaubenssätze höre. Das ist schrecklich!«

»Und das *schrecklich* ist bereits wieder ein neuer Glaubenssatz!« Ich lache laut los. »Und wieso *schrecklich*? Ist das überhaupt wahr? Vielleicht handelt es sich ja auch um super Anregungen für Ihr persönliches Wachstum? Der Tag schenkt Ihnen dann viele Möglichkeiten, zu reflektieren und immer selbstbewusster zu werden. Was Sie mit den Sätzen machen, wie Sie die Sätze bewerten und nutzen, *darauf* kommt es an. Je regelmäßiger und achtsamer Sie dies tun, desto mehr werden Sie noch von den blödsinnigsten Zuschreibungen profitieren. Und auch das, liebe Anne, ist ein Glaubenssatz. Ob und wie Sie profitieren, müssen Sie in Ihrer Welt überdenken. So wie ich das sage, ist es nichts anderes als Küchenpsychologie. Kurze schnelle Impressionen meines Denkens. Den Gehalt eines Satzes legen Sie fest. Das bedeutet aber, dass für Sie die Zeit der Übernahme unreflektierter negativer Zuschreibungen vorbei ist. Sie können aus allem, selbst aus dem dümmsten Stroh ...«

»... Gold machen!«, vollendet Anne den Satz und hat damit mal so was von recht! (Schon wieder ein Glaubenssatz! Grins.)

Zweimal täglich Leben putzen!

Geben Sie sich regelmäßig, jeden Tag, achtsam und bewusst viele positive Beispiele, damit sich die Waagschale Ihrer positiven Selbstwahrnehmung füllen kann. Negative Beispiele untersuchen Sie nach dem Gold, das darin zu finden ist. »Wofür war es gut?« und »Wozu kann ich die Situation der negativen Rückmeldung nutzen?« sind zum Beispiel sehr unterstützende Fragen.

> ### Ein Negativimage verdient keinen Respekt
>
> Wenn Ihr Selbstbild, Ihre Annahmen über sich selbst, nicht wohlwollend und stärkend sind; wenn Sie sich an einem von außen oder von innen zugeschriebenen Negativimage mehr orientieren als an Ihrem Können und wunderbaren Sein, verstellen Sie das Bild von sich. Eine schlechte Meinung einfach anzunehmen oder von sich selbst zu haben und diese dann auch noch mit Beispielen zu belegen und mit Emotionen zu untermalen, und zwar so, dass Sie sich auch noch glauben – das ist keine respektvolle Lebensführung!

Wenn wir etwas verändern oder erneuern wollen, auch die Einstellung zu uns selbst, dann macht die Regelmäßigkeit den Unterschied. Wer jahrzehntelang auf Botschaften von außen getrimmt war, der braucht Hingabe und Aufmerksamkeit, will er oder sie nun mehr in sich selbst hineinhören, sich selbst wahrnehmen. Es ist nicht alles wahr was andere zu uns oder über uns sagen. In der Regel ist es nicht mehr als eine Meinung. Sich davon beeindrucken zu lassen, empfinde ich als eine Überbewertung anderer Ansichten. Je gezielter und verlässlicher wir etwas überdenken, proben oder üben, desto sicherer wird es sich ins Leben integrieren. Das gilt nicht nur für die Dinge, die wir üblicherweise als Herausforderungen betrachten, sondern auch für Selbstliebe, Selbstrespekt und wie wir zukünftig mit den Äußerungen, Wünschen, Meinungen, Ansichten und Anliegen anderer Menschen umgehen möchten.

»Das heißt«, meint Anne, »wenn ich nicht alles annehme, was andere zu mir sagen, nicht auf jeden Wunsch eingehe, bedeutet es noch lange nicht, dass ich böse oder unkollegial bin. Da muss ich noch weiter drüber nachdenken. Das ist wichtig.«

Sehr wichtig sogar. Deswegen mein Tipp: Putzen Sie Ihr Leben so regelmäßig wie Ihre Zähne. Mindestens zweimal am Tag, es genügen drei Minuten. Ich denke gerne beim Schwimmen über den Tag nach, was mir auffiel und was ich damit machen will. *Darüber schwimmen gehen*, nenne ich das. Und jedes Thema bekommt nur fünf Minuten. Das ist ausreichend, und auch wenn wir keine PowerPoint-Präsentation dazu erstellen, ja nicht einmal Notizen machen: Wenn wir dranbleiben, verändert sich etwas. Versprochen!

Ich danke mir, dass ich mir Mut mache,
nach den Sternen zu greifen.
Ich danke mir, dass ich mir zugestehe
meine Persönlichkeit zu leben.
Ich danke mir, dass ich mir Zuversicht gebe.
Ich danke mir, dass ich in mir die Löwin sehe,
wenn ich mich wie ein Hase fühle.
Ich danke mir, für meine Ideen,
die Zukunft, die ich für mich realisiere.
Ich danke mir, für die Identität,
die ich mir erschaffe und für die Liebe zu mir,
die täglich weiter in mir wächst.

8
Siesta und weiter!

Anne zirbelt eine Strähne ihres Haars. Das tut sie nun schon ein paar Minuten, vielleicht weil sie sich aus einem ärgerlichen Anlass heraus gedanklich in dem Büroraum bewegt, wo Louis sitzt – ihr Kollege, der ständig von ihr möchte, dass sie ihm Aufgaben abnimmt. Louis, den sie heute das erste Mal genauer beschreibt. »Er ist so alt wie ich, genauso lange wie ich im Unternehmen, hat eine ähnliche Position, ob sie ihm mehr Geld geben, weiß ich nicht – er ist ja ein Mann.« Sie verdreht die Augen. »Außerdem wanzt er sich überall an. Er ist, wie man so schön sagt, sehr durchsetzungsstark.«

Damit will Anne mir sagen, dass Louis ein guter Stratege ist.

»In eigener Sache, das ist wohl klar! Wenn es etwas gibt, was er an sich reißen kann, ist sein Finger gleich oben. Dieser Streber. Aber Sie müssen nicht meinen, dass er sich auch die Arbeit macht. Nö, nö«, sie lacht hämisch und heiser. »Das darf dann Ännchen machen. Bütte, bütte, Ännchen, hülf mir doch!«

Anne ist ganz schön sauer, aber ich weiß noch nicht, ob auf sich, Louis oder gar beide. Sie geben zusammen ein ganz hübsches Gespann ab. Da steckt viel Energie drin, alle Achtung.

»Ich hatte mir so sehr vorgenommen, ihm deutlicher – im Sinne der *fucking queen* aristokratisch – meine Grenzen zu zeigen. Auch an dem Glaubenssatz: ›hat ja sowieso keinen Sinn, sich zu wehren‹, habe ich gearbeitet. Ich *hab alles* versucht. Sogar mit Spaß. Ich habe theatralisch mit meinem Finger auf ihn gezeigt und mich mit ›Biiitch!‹ empört.« Sie ahmt dabei eine Figur ihrer derzeitigen Lieblingsfernsehserie *Pose* nach, zu der sie mir schon mal einen Link schickte. »Das hatte ich daheim geübt«, gibt sie amüsiert zu. »Es war fast so wie damals mit zwölf Jahren, als ich mich, mit Rundhaarbürste vor dem Mund, wie ein Popstar fühlte. Aber all das hat nichts gebracht.« Schon ist sie wieder ernst. »Ich komme gegen den Typen und sein Gehabe nicht an. Der Augenstern unserer Chefin!« Wieder rollt sie die Augen nach oben und wackelt dabei mit dem Kopf, als wäre sie eine Ringelspielfigur aus dem Wiener Prater.

»Es scheint mir aber so, als ob das Überprüfen auch ein bisschen was gebracht hat«, bremse ich die Eigen-Feedback-Talfahrt, mit der Anne gerade in Richtung Selbstvernichtung braust. *Bringt nichts, wird nichts, hat eh keinen Wert.* Alte Glaubenssätze sitzen fest. Es braucht Übung, sich und sein Denken zu aktualisieren. Übung, Zeit, Geduld. Wir sind Menschen und zählen zur Natur. Dass Wachstum Zeit benötigt, ist ein natürlicher Vorgang. »Auch wenn wir jeden Frühling meinen, die Bäume wären über Nacht grün geworden: Sie sind es nicht. Die Bäume haben sich darauf vorbereitet und hin und wieder mit dem ein oder anderen Blättchen vorgefühlt, ob der Winter auch wirklich vorbei ist. Also nicht nur wirklich, sondern wirklich, wirklich.«

Was kocht da bei Anne eigentlich so dermaßen hoch?

»Ich wollte etwas ablehnen und hab es erneut nicht geschafft.«

Wieder mal so eine hingeschobene Aufgabe, diesmal sollte sie eine Grafik für ein Protokoll erstellen, weil sie das so fix kann. »Ich brauche dafür ewig, und du hast doch schon Vorlagen«, hatte Louis sein vertrautes Süßholz geraspelt. Ja, Anne hat Vorlagen. Dass es diese Grafiken in ihrer Schublade gibt, hat sie irgendwann einmal einige Zeit gekostet. »Die erstellen sich nicht allein«, hatte sie Louis darauf aufmerksam gemacht und darauf gewartet, dass er Anstand genug besaß, über einen Ausgleich zu sprechen. »Tit for tat« nennt man das auch. Diese Art von Etikette befindet sich aber nicht in Louis' kollegialem Repertoire. Er hatte Anne nur weiter geschmeichelt, Komplimente regnen lassen, ein paar Witzchen gerissen und ihr zugesagt, sie während der Anpassung der Grafiken mit Kaffee zu versorgen. Sie hatte sich aber ein Entgegenkommen auf Augenhöhe gewünscht.

»Ich habe ja auch Aufgaben. Da hätte er mir doch seine Hilfe anbieten können!«

Noch mal: Dieses Verhalten gehört nicht zu Louis' kollegialen Repertoire. Nachdem er Anne eindringlich versichert hatte, wie gern-gern-gern er das doch selbst machen würde, gäbe es da nicht diesen verfluchten Bericht, der ihm auch noch im Nacken saß und wegen dem er schier durchdrehte, war sie eingeknickt. Genervt hatte sie ihm die Mappe aus der Hand genommen und kurz gezetert: »Aber nur noch dieses eine Mal!«, was ihr niemand so recht glaubte, nicht mal sie selbst konnte es. Sie hatte Louis unterstützt. Gegen ihren Vorsatz.

»Wie er so vor mir stand und so hilflos tat, dachte ich: Ach scheiß drauf, mach's einfach!« Aber sie fühlte sich nicht gut danach, weil etwas nicht stimmig für sie gewesen war. »Diese Erfahrung«, meint sie jetzt, »hat mich zurückgeworfen und in Ambivalenzen gestürzt.«

In ihrer Not legte sich Anne danach ein paar Argumente zurecht, dass sie schließlich die Teamplayerin sei und Louis sich manchmal wie ein wildes Pferd aufführen würde, weil er nicht anders könne. An dem besagten Tag war für Louis aber eher »Das Leben ist ein Ponyhof« das Motto gewesen.

»Mir fehlten einfach die Worte«, antwortet Anne auf mein tastendes Nachhaken, warum sie Louis gegenüber so bereitwillig war. »Ehe er mich lang nervt, dachte ich, mach ich es halt. Wenn ich da immer wieder aufs Neue mit großen Diskussionen komme, heißt es doch nur, ich wäre zickig.«

> ### »Was verstehst du unter zickig?«
>
> Lassen Sie mich an dieser Stelle kurz einschieben: Die Beschreibung, *du bist zickig,* ist eine sehr wirksame Methode, Frauen ruhigzustellen. Bei Männern gibt es diese Zuschreibung nicht, höchstens in Homosexuellenkreisen. Dort höre ich das Wort immer mal wieder. Und dann eher, na ja, keck und augenzwinkernd. *Zickig* ist ein Wort, das die Diskussion mit einer Frau unfair beendet. Es ist respektlos, inhaltslos und anmaßend. Sollte jemand dieses Wort an Sie richten, fragen Sie eher nach, als sich auf einen Schlagabtausch einzulassen: »Interessant. Und was verstehst du genau darunter?« Reagieren Sie, um der Göttin willen, bloß nicht eingeschnappt. Das bringt gar nichts. Sie geben damit nur den Anlass zu weiteren Herabwürdigungen. Es existiert noch eine wirksamere Methode, jemanden zum Schweigen zu bringen. Das führt hier jetzt aber weg. Erinnern Sie mich bei Gelegenheit daran, dass ich Ihnen diese elegante und sehr wirksame Reaktion nenne. Jetzt aber zurück zu Anne.

»Ich bin eben noch nicht so weit. Ich bin nicht dickfellig genug. Ich halte das nicht aus«, fügt Anne hinzu.

Mmmmh, lecker, was kommt denn da im Dreierpack? Genau: Anne spricht drei klassische blockierende Glaubenssätze hintereinander aus. Diese sind immer kurz und so gehalten, als hätten sie die Anweisung: *Und keine Nachfragen!* Also diese Rhythmusfolge von: Bam. Bam. Bam. Sie kennen sie auch von manchen Menschen, die einen Fehler nicht zugeben wollen: »Ich bin halt so. Du wirst mich nicht ändern. Und ich mich auch nicht.« Bam. Bam. Bam. Daran erkennen Sie Zuweisungen und negative Glaubenssätze. Man darf sich davon nicht beeindrucken lassen. Bam. Bam. Bam.

»Was genau meinen Sie?«

Was dem Vampir der Knoblauch ist, ist für den Glaubenssatz die Nachfrage. Meistens reagieren Menschen darauf hölzern, einsilbig. Das soll so sein, denn der Glaubenssatz will sich ja erhalten.

»Na, die Situation! Oder was wollen Sie wissen?«

(Merken Sie's? ;-))

»Nun, was halten Sie nicht aus? Oder wofür Sie sind nicht dickfellig genug? Oder wann bemerken Sie genau, dass Sie noch keine dicke Haut haben? Ich würde diese Sätze gerne besser verstehen.«

Grrmmpff, signalisiert Anne. Recht so. Nun ist der Glaubenssatz-Zahn gleich gezogen.

»Ich meine: Man sagt Nein und bringt vielleicht noch eine Begründung, und der andere schaut einen verständnislos an und hakt dann so dämlich nach, vielleicht noch mit einem: ›Wie?‹ oder ›Hä?‹ oder sagt: ›Kann ich jetzt nicht nachvollziehen, was du meinst. Was willst du denn sagen?‹ Wir sitzen im Großraumbüro, das bekommen auch die anderen mit. Dann machen noch mehr runde Augen und schütteln den Kopf. Und in der Kantine muss ich mich dann noch mal erklären. Diese Scheißgrafik kostet mich zwanzig Minuten, und wenn ich ablehne, belastet mich das den ganzen Tag. Ich halte das nicht gut aus. Dann mache ich es wirklich lieber selbst. Geht doch schnell. Meistens ist es ja etwas ganz Harmloses, was er will, da bricht man sich doch keinen Zacken aus der Krone.«

»Tut *man* nicht – aber offenbar scheinen Sie mit sich nicht im Frieden zu sein.«

Jetzt sind wir weiter.

»Richtig, es ärgert mich. Also, er ärgert mich.«

Wäre Louis dauerhaft karrieregeil, könnte Anne queenlike über ihn wegsehen und ihm – dann und wann – ganz königinnenhaft ein Bein stellen. Aber so? Louis ist wie das Wetter. Er kann auch freundlich, warmherzig und optimistisch sein. Damit Anne sich selbst wieder mehr mag, muss sie Louis jetzt mehr mögen. Wenn sie ihn mag, wird ebenso die Situation freundlicher, und sie muss sich in letzter Konsequenz nicht so sehr über sich selbst ärgern. Ich gehe mal davon aus, dass sie gleich mit einem versöhnlichen Verständnis um die Ecke kommt.

»Louis treibt das Team voran. Das ist ja auch wichtig. Er hat immer gute Ideen, aber eben nicht besonders viel Geduld.«

Merken Sie, wie überlegt sie sich ausdrückt? Die Ladung Sprengstoff ist noch immer in ihr drin, aber sie lächelt sie einfach weg. *Recht so, Kind*, sagt Wilma. Offenbar hat sie ihren Kurzurlaub noch einmal unterbrochen oder sieht ihn wie eine ambulante Reha, wo man tagsüber zwar weg ist, abends aber immer wieder heimkommt. *Dieser Louis*, will sie Anne erklären, *der ist nicht einzuschätzen. Womöglich hat er eine Waffe. Lächele ihn lieber ein bisschen an und sei freundlich. Das hat Frauen noch nie geschadet, besonders wenn sie weiterleben wollen.* Damit ist Anne im Überlebensmodus gelandet – und diese Perspektive lässt sich schwer mit der genauen Betrachtung vereinbaren, was da wirklich vor sich geht und auf welche Weise Louis sie benutzt.

»Was ist Ihr Beitrag für das Team?«

»Ich habe auch gute Ideen, aber ich muss etwas erst zu Ende denken, bevor ich es sage. Na ja – die anderen sind dann oft schon mittendrin, und ich habe noch nicht alle Argumente zusammen. Ich bin nicht so schlagfertig wie Louis.«

Es gibt viele Menschen, die erst einmal nachdenken, bevor sie sprechen, so hat man es uns ja auch in den Kindertagen beigebracht. Erwachsen geworden stellen wir dann fest, dass zu langes Nachdenken für die anderen eine Möglichkeit eröffnet, sich selbst zum Ausdruck zu bringen. Ich meine damit die Möglichkeit, vor uns zu sprechen und vor uns zu entscheiden. Wenn Anne ernst genommen werden und sichtbar sein will, wäre es gut, sie würde verbal schneller nach vorne treten. Aber genau das fällt ihr schwer.

»Das Problem ist, dass ich mich durch Louis zurückgedrängt fühle. Es ist nicht nur so, dass er Aufgaben abschiebt, er behandelt mich auch noch so merkwürdig – nein, nicht von oben herab –, es ist eher so putzig. *Kannst du mich mal eben unterstützen, Ännchen?* Ich bin doch nicht seine Assistentin! Und schon gar nicht Klein Anna!«

Eigentlich weiß sie ganz genau, was sie nicht möchte, und kann es deutlich formulieren. »Dieses *Ännchen* ist eine Frechheit! Ich sage ja auch nicht *Louislein, mach's doch selbst, denn ich muss mich doch um meine eigene Karriere kümmern.*« Annes Augen wandern an der Zimmerdecke entlang. »Da er so direkt ist, komme ich gar nicht wirklich dazu abzulehnen, sondern nicke wie ein Schaf. Ich will ja auch nicht unhöflich oder unkollegial sein.«

»Ist es denn unkollegial, wenn man eher die eigenen Aufgaben im Fokus hat?«

Jetzt zirbelt Anne wieder ihre Haare, und ihre Augen hängen sich an dem dämlichen Wasserfleck an der Decke fest, den ich seit Monaten notorisch übersehe, einfach weil mir die Suche nach Handwerkern lästig ist und darüber hinaus schon immer lästig war. Meine Güte, was hindert mich nur daran, mich einfach darum zu kümmern? Grrrr.

»Also, ich hatte mal eine Kollegin«, jetzt hört Anne mit dem Zwirbeln auf, »die war so richtig dominant. Eine richtige Matrone. Die sagte immer völlig furchtlos, was sie wollte und was nicht. Und mit einer Stimme, die durch die ganze Abteilung schallte. Es kümmerte sie nicht im Geringsten, dass die anderen das alle mitbekamen. Schon allein mit diesem Auftreten boxte die sich durch. Das fand ich unangenehm, weil sie wie ein General war.«

Es ist nicht leicht, wenn man bedächtig ist. Es ist nicht leicht, wenn man schnell entscheidet. Beide Seiten können sich nicht leiden, dabei haben sie das gleiche Problem: Sie fühlen sich nicht auf Augenhöhe mit ihrem Gegenüber. Wer schnell schaltet, weiß, was er oder sie will. Wer viele Ideen im Kopf hat, wird wahnsinnig, wenn die anderen im Schneckentempo agieren. Wer eher bedächtig ist, fühlt sich von den Schnellen häufig überrollt. Auf Augenhöhe können beide finden, wenn sie sehen, was sie verbindet und auf welche Weise sie sich ergänzen. Aber das ist hier keine Teamsitzung, sondern es geht um Anne. Obwohl sie es registriert und obwohl sie sehr gut weiß, dass sie sich selbst übergeht und das Ganze phasenweise zuckrig redet, fehlt ihr noch ein bisschen mehr Durchsetzung, um sich deutlich einzubringen und deutlich abzugrenzen. Beides hängt miteinander zusammen. Wenn ein Mensch nicht gut Nein sagen kann, fehlt ihm oder ihr oft auch die Kraft für das laute Ja. Ja und Nein sind Positionen, die zeigen, wer wir sind. Wir vertreten damit die eigene Sache, machen uns deutlich und damit auch angreifbar. *Sehr richtig*, nickt Wilma, *und deswegen lassen wir das mal schön bleiben.*

»Ich will nicht wie diese Kollegin sein«, sagt Anne nun. »Was glauben Sie, wie über die hergezogen wurde! Ich bin so nicht. Zur Kollegialität gehört doch, dass man dem anderen was abnimmt und sich anpasst!«

Natürlich ist es für die gemeinsame Arbeit wichtig, sich gegenseitig zu unterstützen. Andererseits kommen Teams nur dann voran, wenn sich jeder frei vertreten kann. Und dazu gehört es, zu sagen, wenn man etwas nicht übernehmen kann oder aus bestimmten Gründen nicht übernehmen möchte. Viele Frauen betrachten das schon als egoistisch. Von unserer Sozialisation her sind wir Frauen darauf geeicht, das Gemeinsame und Unterstützende zu suchen. Es geht auch nicht darum, dieses Verhalten aufzugeben. Doch wenn ein Mensch sich in Selbstrespekt üben möchte, eine Frau für sich selbst wichtig und sichtbar sein will, ist es wichtig, nicht nur die anderen zu sehen, sondern auch sich selbst. Der bedeutende österreichische Psychologe Alfred Adler nannte das Eigenverantwortlichkeit.

»Bringen Sie für mich doch bitte mal den Satz zu Ende: ›Wenn man an sich denkt‹, starte ich einen kleinen Versuch, ›dann ist …‹«

Anne springt sofort darauf an: »… man selbstbezogen, egoistisch!«

Da hängt der Fisch ja schon an der Angel! Nein, berichtige ich still, nein, Anne, es ist nicht egoistisch! Es ist gelebter Selbstwert!

»Und das macht was?« Ich bleibe ruhig und taste mich behutsam weiter vor.

»Dann können einen die anderen nicht leiden. Sie grenzen einen aus. Ziehen sich zurück. Dann hat man keine Freunde. Man ist nicht mehr Teil eines Teams, einer Gruppe, sondern wird misstrauisch beäugt.«

»Mit welcher Konsequenz?« Ich gehe noch ein Stückchen weiter.
»Na, dass die anderen schlecht über einen reden. Sie vertrauen einem dann nicht mehr. Weil man nur an sich denkt und nicht an die anderen.«

»Und dann?«

»Dann ist man allein. Sitzt allein in der Kantine. Wird nicht eingeladen. Auch nicht angesprochen, wenn es um interessante Projekte geht. Man hat«, sie schaut mich erschrocken an, »verloren. Man ist verloren, hat verloren.«

Jetzt kommen wieder diese uralten Glaubenssätze ins Spiel, die niemals richtig hinterfragt wurden. Die geben bei Anne unbewusst den Ton an!

- Sei nett und man wird dich lieben.
- Sei freundlich, denn du hast Fehler.
- Teile, damit ich bleibe.

»Ich möchte gemocht werden und nicht ausgegrenzt sein.«

»Und weil Sie an sich denken und sagen, was Ihnen wichtig ist, findet das nicht statt?«

Darauf hat Anne keine Antwort. Da ist etwas nicht stimmig, das fühlt sie selbst. Wir Menschen haben das Recht, ja die Verpflichtung, an uns zu denken und für uns zu sorgen. Selbstwert oder Selbstfürsorge sagt man auch dazu. Selbstmanagement im beruflichen Kontext.

Verpflichtung mit Konfliktpotenzial

Wenn wir den eigenen Weg gehen, kann es sein, dass das manche Menschen nicht verstehen. Und dass daraus Konflikte entstehen. Aber Konflikte bringen uns voran, denn sie helfen, sichtbar zu machen.

Ich blicke zu Anne hinüber. Offenbar ist sie hin- und hergerissen. Auf der einen Seite möchte sie sich vertreten, auf der anderen die liebe Kollegin bleiben. Die Frau, mit der man Pferde stehlen kann. Die berufliche Freundin, die selbst Nachtschichten nicht scheut, wenn es *um die Sache geht.*

»Gibt es jemanden in Ihrem Team, den Sie mögen?«, will ich wissen.

»Ja.« Das kommt sehr schnell und spontan. »Eine Kollegin. Sie heißt Karoline.«

»Sehr gut«, sage ich. »Wie würde Karoline Sie beschreiben, wenn ich fragen würde: Wie ist sie denn so, die Anne?«

Meine Frage verdutzt Anne ein wenig, aber sie macht mit. »Sie würde sagen« – Pause –, »die Anne ist sehr verlässlich, liebenswürdig, macht einen guten Job.«

Da will noch was raus, ich kann es spüren.

»Und was beobachtet sie weiterhin?«

»Sie beobachtet, dass ich mich zu sehr zurücknehme und dieser Louis das ausnutzt.«

»Wozu würde Karoline Sie wohl auffordern?«

»Sie würde sagen, dass ich doch den Mund aufmachen soll und auch mal was ablehnen.«

»Was sagt Karoline zu Ihrer Furcht, dann nicht mehr kollegial zu sein?«

»Sie sagt, dass das Blödsinn ist. Dass ich kollegial bin, es doch aber hier auch um meine Interessen geht.«

Es ist nicht Karoline, die da spricht, das ahnen Sie sicher. Zirkuläres Fragen nennt man das.

Mit einer Topfpflanze auf Abstand gehen

Menschen ausfindig zu machen, die etwas zu der Situation sagen könnten, ist sehr hilfreich, denn es macht oft andere Aspekte deutlich. Aspekte, die wir mit dem Tunnelblick nicht sehen können. Sie können dieses »um die Ecke fragen« auch gut für sich alleine nutzen. Wenn Sie im Zwiespalt sind, lassen Sie gedanklich eine Freundin sprechen. Oder mich. Oder Ihren Hund, die Katze oder die Topfpflanze in Ihrem Zimmer, wenn diese Ihnen gewogen ist, weil Sie sie regelmäßig gießen. Es ist unterstützend, sich jemand vorzustellen, der *für* uns spricht. Die Negativspirale wird dadurch unterbrochen. Und wenn Sie sehr experimentierfreudig sind, stellen Sie sich vor, wie Sie mit sich selbst – in jedem Lebensalter, von klein auf bis jetzt – in einem Kreis sitzen und sich mit sich selbst beratschlagen. Fragen Sie die Fünfjährige in Ihnen, was diese zu einem Thema meint. Ihr fünfzehnjähriges Ich. Die Zwanzigjährige usw. Sie können sogar den alten Teil in sich fragen, die Fünfundachtzigjährige. Auch wenn Sie noch sehr jung sind, die alte, weise Frau in Ihnen lebt bereits jetzt. Sie treten dabei mit Ihrem wundervollen Wissen über sich selbst in Kontakt – und ich bin mir sicher, Sie werden Trost, Liebe und gute Ideen von sich selbst erfahren.

Karoline, Hund und Katz (nicht zu vergessen die Topfpflanze) schenken uns die Möglichkeit, in einen Abstand zu uns und zu unseren Gedanken zu kommen. Dieser Abstand hilft uns, wieder klarer zu sehen. Auf einmal wird deutlich, was wir *gut* machen, wozu etwas nützlich ist; wie wir eingreifen und verändern können und welche Möglichkeiten und Potenziale wir für uns nutzen können.

»Tja«, sagt Anne. »Karoline erkennt das gut. Ich nicht. Ich war schon immer so brav und doof.«

Bam. Bam. Bam.

An dieser Stelle merken Sie, dass Therapie oder beratende Gespräche nie gradlinig verlaufen. Es ist immer ein bisschen wie beim Tanzen. Vorwärts, rückwärts, seitwärts, stopp. Eben war mal wieder kurz rückwärts dran.

»Menschen tun nie etwas ohne Sinn«, sage ich. »Es muss für etwas gut gewesen sein, dass Sie sich lange so verhalten haben.«

Wenn wir herausfinden, welche Geschichten uns prägten, welche Vorbilder wir hatten, können wir uns selbst näherkommen und die inneren Muster entdecken, die uns zu den freundlichen Robotern machen, die *Ja* knarzen, obwohl Sie davon ausgingen, auf *Nein* programmiert zu sein.

»Als ich nach den Comics suchte, fand ich übrigens meine Mädchenbücher. Ich habe nur Schnulzen gelesen.« Die Erinnerung daran lässt Anne mit dem Kopf schütteln. »Mädchenromane. Immer das gleiche Schema. Liebes Mädchen, stets hilfsbereit und fleißig – aber einsam, ausgenutzt und verlassen. Dann kommt erst eine weise Frau, dann der Mann und damit das Glück.«

Diese romantischen Geschichten sind auch mir aus meiner Jugend bekannt. Ein paar der Bücher habe ich als Andenken behalten. Berte Bratt hieß meine Lieblingsautorin. *Hab Mut, Katrin*. Und dann gab es noch: *Nina, so gefällst du mir!* Oder: *Das Leben wird schöner, Anne*. Und alle Geschichten hatten dasselbe Strickmuster, wie im Groschenheftchen oder in einem Roman von E. Marlitt oder Hedwig Courths-Mahler. Verlassenes Mädchen, treu/strebsam/hilfsbereit, junger Mann, Biest, alte Dame, noch mal ein kleines Problem, Hilfe/Lösung, Happy End.

»Die Bücher waren herziges Seelenfutter«, stimme ich Anne zu, »aber gleichzeitig leider auch lähmendes Nervengift. Fleißiges Aschenputtel, mütterliche Fee, erkennender Prinz. Kein Wunder, dass so viele Frauen meinen, wenn sie nur duldsam, gefällig und brav wären, würde jemand kommen und alles wäre gut. Das ist das, was Sie im Büro leben, nur dass Louis nicht Ihr Prinz ist.«

»So hab ich das noch nicht gesehen.«

»Mädchen werden bis heute mit diesen Schnulzen gefüttert, aber da reitet uns niemand aus dem Sonnenuntergang entgegen.«

»Ich hab mal so ein Lied gehört«, kichert Anne. »Es kommt kein Prinz, der dich erlöst, wenn du nur deinen Tag verdöst.«

»Richtig!« Ich stimme in ihr Lachen ein. »Aschenputtel darf eine eigene Geschichte haben, und Frau Holle soll sich gefälligst mal selbst um ihre Kissen kümmern.«

Ich mag Märchen sehr, aber der Weg ins Glück geht durch noch mehr Tore als freundlich sein, lieb sein und über Hilfsbereitschaft. Am Ende ist es so, dass die Fee nicht kommt und der Prinz das Mädchen weiter übersieht, weil das Biest aus dem Nachbarteam spannender ist. Und auch die Aschenputtel-Tauben unterstützen das Mädchen nicht, sondern kacken ihr lediglich auf den Kopf.

»Nur Cinderellas hoffen noch darauf, dass alles gut wird, wenn sie nur lang genug andere Menschen unterstützen.«

Anne weiß das. Natürlich. Das schützt aber nicht, denn dieser Traum vom soften Glück, der ist einfach so oft erzählt und findet fast in jeder Serie, in jedem Film und in den meisten Liebesromanen seine Wiederholung. Wie soll man als Frau das zusammenbringen? Deswegen ist es wichtig, kleinen Mädchen besser beizubringen, wie mit Geld umzugehen ist, als ihnen zu zeigen, wie man bei Selfies eine Duckface-Pose einnimmt.

»Ich wäre gern mal die böse Stiefmutter von Aschenputtel oder Aschenputtels Schwestern, die in erster Linie an sich und ihr Vergnügen denken. Die machen das ganz selbstverständlich.« Anne denkt nach. »Ganz ohne diese innere Quälerei. Offen gestanden dachte ich, ich sei schon weiter.« Vorwärts, rückwärts, seitwärts, stopp. »Dachte, ich sei klar. Dachte, ich würde sagen, was ich will. Vielleicht darauf sogar zu bestehen.« Anne atmet gestresst durch, so, als würde ihr eine imaginäre Macht den Sauerstoff reduzieren.

»Es braucht Übung«, tröste ich sie. »Aber Sie sind schon gut dabei.«

Anne ist bereits einen Riesenschritt weiter, allein aus dem Grund, weil sie ihr Verhalten mitbekommt und mehr und mehr weiß, was sie will. Wie bei den Probestunden in der Fahrschule müssen wir auch bei uns selbst *einfach dranbleiben*.

»Jetzt ist die Stunde gleich vorbei, und ich habe kein Ergebnis. Hab nur gedanklich rumgedaddelt.«

Atmen!

Atmen hilft uns, auf dem Boden zu bleiben oder dorthin zurückzukehren und zu verstehen. Wir spüren uns dann, registrieren, dass wir auch im scheinbaren Nichtstun wirksam sind, und können durch diese Achtsamkeit unser Denken und Fühlen beeinflussen, reflektieren, trainieren und entscheiden, was zu unserem Leben besser passt. Bewusste Fokussierungsmomente auf uns selbst sind kleine Zeitfenster, in denen wir uns erholen können und Unterschiede feststellen.

Siesta Schwesta!

Eine Pause nach der anderen erzeugt Stillstand.
Nichts bewegt sich mehr.
Nur Bewegung ohne Pause ist aber auch Stillstand.
Dann bewegen wir uns zwar, aber das ist auch alles.
Bewusste Pausen, bewusstes Atmen und Reflexion machen den Unterschied.
Die Siesta ist der kleine Energiesnack zwischen größeren Momenten.

In der Stille zu sein, hilft uns, mit uns selbst in Berührung zu kommen und uns selbst mehr und mehr zu verstehen. Sie müssen dafür nicht gleich in den Yogasitz gehen. Stille kann auch auf der Couch geschehen. In der Pause entdecken wir uns, nicht, wenn wir aktiv sind. Die Stille ist wie eine kleine hübsche Lady, die sich neben Sie setzt und fragt: »Na, Schätzchen? Und wie war das jetzt?«

Es ist wichtig, dieser Lady Raum zu geben, auch wenn wir sofort und immer üben wollen.

»Also«, sage ich zu Anne und schließe das Fenster wieder. »Kein wirkliches Ergebnis, meinen Sie. Und wenn Sie ein Ergebnis hätten, wie würde das lauten?«

»Dass ich doch noch sehr an alten Vorstellungen hafte. An dem, was man mir als Kind gesagt hat, wie man mich beschrieben hat. Aber auch, dass ich weiß, dass ich auf gutem Weg bin und es mein Recht ist, auf mich zu achten. Auch Louis gegenüber. Also diese ›Fake it till you make it‹-Übung war für mich ein bisschen zu schwer. Besonders in der Mixtur mit der *fucking queen*. Darf ich das so sagen?«

Jawoll! Denn genau das ist auf sich achten und Grenzen ziehen. »Anne, Sie sind die Chefin, und es ist super, dass Sie Ihren Laden so gut kennen.« Ich nicke ihr zu.

Anne, Sie, ich – wir dürfen kritisch ausprobieren und prüfen. Und wenn uns das eine nicht weiterbringt, dann vielleicht etwas anderes.

»Und bis dahin?«

»Gebe ich Ihnen einen Satz von Gundl Kutschera mit, einer sehr erfahrenen Therapeutin: Es ist wichtig, dass wir zu unterscheiden lernen zwischen ›unangenehm‹ und ›ungewohnt‹. Und das nächste Mal lassen Sie uns weiter darüber nachdenken, wie Sie nach der Pause, Ihrer Siesta, weiterüben können. Mir scheint, als müssten Sie nur vertraut werden, sich an etwas gewöhnen. Aber bis dahin …«

»Tee trinken«, weiß Anne.

Richtig. Sich selbst respektieren. Siesta machen. Tee trinken. Weitermachen.

Ich lasse das Alte los,
wie eine zu vertraute Haut.
Ich schlüpfe in mein Wesensbild,
das neue Label: ICH

9

Auch der Stolz will eingetragen werden: Der Verhaltenskleiderschrank

Anne ging nicht gleich. Wir besprachen noch einmal die verschiedenen Emotionen, die sich in dieser Stunde gezeigt hatten, und waren uns weiter darin einig, dass man üben muss, wenn etwas leicht und geläufig werden soll. Wollen wir uns leger verhalten, dann müssen wir in unserem Verhalten sicher sein. Das gilt fürs Autofahren, Instrumentespielen und auch für neue Verhaltensweisen.

Es gibt für mich noch einen sehr passenden Vergleich: Mit dem Verhalten ist es wie mit einem neuen Kleid. Damit es bequem sitzt, muss es eingetragen werden. Wir müssen uns darin »gut auskennen«, um jeden Knitter, jede Falte, jede zarte oder schwache Naht Bescheid wissen. Es verbindet sich dann quasi mit unserem Körper. Es ist *wie unsere eigene Haut*, so bekannt, so selbstverständlich. Das geschieht durch Übung, was man auch mit *vertraut werden* beschreiben kann. Damit uns etwas vertraut wird, braucht es Hinwendung und Zeit. Das geht nicht hoppladihopp, was klar ist, denn es hat ja auch Zeit gebraucht, so zu werden, wie man ist. Nun benötigt es Zeit, dieses Image, Auftreten und Fühlen Ihrem aktuellen Ich anzupassen.

Anne ist das Kleid »Freundliche, liebe, zuvorkommende, zuverlässige, zurückhaltende Frau« vertraut. Dieses Kleid kennt sie in- und auswendig, es ist ihr zur eigenen Haut geworden – und sie möchte es gegen ein Kleid auswechseln, das extravaganter ist, im Sinne von individueller. Dafür brauchen wir eine Art Schnittbogen. Wie sieht es aus? Was ist speziell daran?

»Das Kleid ist eher ein Kostüm oder so eine Art Etuikleid.« Anne wird kreativ. »Es ist nicht rüschig. Kein Dirndl oder so mit blumigem Ausschnitt und Schürze davor.« Sie winkt ab. »Himmel! Nein! Bloß nicht das schon wieder! Eher so Audrey-Hepburn-mäßig, auch wenn ich nicht deren Figur habe.«

Das muss sie auch nicht. Wichtig ist, dass sie das Kleid kennt oder kennenlernen will. Es soll auf ihrer Persönlichkeitshaut zu einer Selbstverständlichkeit werden, damit sie es immer und zu jeder Zeit aus dem Schrank ziehen kann und: Bam! Es sitzt.

Unser Verhalten trägt keine Hosen

Tragen wir ein neues Verhalten nicht ein, hängt es wie eine teure Bluse irgendwo hinten im Verhaltenskleiderschrank. Schönes Stück, könnte super sitzen, tut es aber noch nicht – weil es nicht wirklich eingetragen wurde. Der Verhaltenskleiderschrank ist – rein bildlich – ähnlich eingerichtet wie unser wirklicher Kleiderschrank. Nur, dass unser Verhalten keine Hosen trägt, sondern ein Ausdruck, eine innerliche und äußere Bewegung ist.

Mein echter Kleiderschrank hat vier Türen. Links und rechts hängen Hosen, Röcke, Blusen. In der Mitte sind T-Shirts, Pullover, Sportsachen, gemütliche Hosen und die Nachtwäsche. In den Schubladen darunter Underwear und Strümpfe. Auch oben hat mein Schrank drei Fächer, aber ganz ehrlich, ich vergesse immer wieder, was sich dort befindet, weil ich nur mit einem Schemel an diese Fächer komme. Sehr unpraktisch! Der Kleiderschrank ist ziemlich voll, manches hat sich nach hinten geschoben, nicht alle Pullis sind mir wirklich bekannt, und mit manchen will ich auch gar nichts mehr zu tun haben. Eine hübsche Anzahl Kleidung, peinlich-peinlich, hatte ich seit dem

Kauf nicht mehr in der Hand. Das kennen alle Frauen, ich bin da kein Deut besser. Es sind wirklich sehr schöne Stücke darunter, und es ist schade, dass ich sie immer wieder zur Seite wegschiebe, denn wenn ich daheim bin, sehe ich sie irgendwie nicht. Und wenn der passende Moment da ist, zögere ich, weil die Kleider noch so neu und steif sind.

Regelmäßig sehe ich mich also mit der vertrackten Situation konfrontiert, dass der Schrank zwar brechend voll ist, sich aber der Inhalt auf nur wenige Teile reduziert. Teile, von denen ich weiß, wie ich darin aussehe, mich darin bewege und fühle. Selbst kleine Fehler kenne ich und kann sie gut kaschieren. Oder ich weiß, dass einer dieser Pullover die Neigung hat, zu sehr nach vorne zu rutschen. Alles bekannt, ich kann damit umgehen. Nicht immer ist es die vorteilhafteste Kleidung, oft nicht das passende Stück, aber: Ich weiß, wie es sitzt, und muss nicht lange nachdenken. Das, was besser oder passender wäre: leider nicht eingetragen und dafür in diesem stressigen Moment für mich völlig ungeeignet.

»Welche Eigenschaften hat das Etuikleid?« Ich erkundige mich nach Stoff, Schnitt und Details des Modells.

»Es ist klar geschnitten. Grenzt ein bisschen ab. Elegant. Klassisch. Es zeigt eine eher kühle Persönlichkeit.«

All das, was Anne meint, dass sie es *brauchen* könnte.

»Wie sieht das im Alltag aus, wenn Sie es tragen?«

»Ich werde mich in ihm damit auseinandersetzen, was ich will, es Probe tragen. Vielleicht ist das der beste Ausdruck.«

»Exakt. Um die Idee noch mal durchzuspielen. Welches Kleid passt denn, wenn Sie zu Hause sind, da werden Sie das Etuikleid wohl eher weniger tragen, oder?«

Anne lacht. »Stimmt, eher weniger.«

»Was trugen Sie bislang – also energetisch betrachtet?«

»Ich hab zwar keine, aber es ist so eine geistige Hausfrauenschürze.«

»Diese kleine Hausfrauenkittelschürze des Verhaltens ist Ihnen sicher sehr vertraut. Sie kennen die Taschen, die Knöpfe, den Sitz. Manchmal stört Sie vielleicht das Muster oder dass der Kragen so blöd ist – egal, das Ding ist Ihnen geläufig. Aber es passt nicht mehr zu Ihnen, denn Sie können für alle da sein, wollen das aber in Zukunft je nach Fall und im Detail entscheiden.«

»Also braucht es eine neue Schürze. Irgendwas Schickes.«

»Wie könnte die aussehen?«

»Mmmh. Ja, so eine lange Schürze, aus feinem Stoff, edel, aber ohne so einen Latz über der Brust.«

»Was wäre zu beachten?«

»Ich müsste zum Beispiel darauf achten, dass ich mir nicht aus Versehen die Hände an der Bluse abwische, nur weil ich den Kittel im Kopf habe.«

»That's it. Wenn Sie die lange Schürze nicht passgenau eintragen, wird Ihnen das passieren. Sie werden vergessen und in das alte Verhalten rutschen. Und wenn Sie ganz schnell eine Schürze brauchen, was nehmen Sie dann?«

»Ach ja. Dumme Sache. Natürlich die alte, und alle, die mich sehen, denken, ich wäre ein Selbstbedienungsrestaurant.«

»So ist es.«

Soll es bei der wirklichen Kleidung schnell gehen, greift man zu Kleidern und Schuhen, die eingetragen und ausgelatscht sind. Es ist eben nicht die *fucking neue* Bluse, an der noch das Preisschild baumelt. Alles zu kompliziert, zu unbekannt und irgendwie im Tragen nicht vertraut. Die Teile, die Verhaltensweisen *sitzen nicht bequem und lose auf der Haut*. Die Krux mit der Eile ist, dass man nicht lange abwägen und überlegen kann, wenn es rasch geschehen muss, wie zum Beispiel bei einer Reaktion Louis gegenüber. Anne kann da nicht lange herumsuchen, die Entgegnung muss sitzen, ihr gewohnt sein.

Verschaffen wir uns einen Überblick: Welche Kleider sind überhaupt vorhanden? Dabei hilft uns ein Blick in unsere Erfahrungen und welche Eigenschaften wir zumindest kennen, also schon mal kurz getragen haben, bevor sie in die hintere Schrankecke wanderten. Meist haben wir viel, viel mehr, als wir annehmen. Alles wie im wahren Leben.

Welche Verhaltenskleider sind bereits vorhanden?
Kennen Sie die Gefühle, die mit

verbunden sind?

Okay. Yippie Yeah. Brrrr. Da sind die Gäule mit mir durchgegangen. Ich war ja schon fast in Trance. Grins. Aber was klare Realität ist: In der Liste finden sich viele Eigenschaften, die auch Sie mehr oder weniger leben. Sie könnten dies auch skalieren.

Von null bis hundert: Wie viel davon findet in Ihrem Leben oder Persönlichkeitsportfolio statt? Haben Sie eine eigene Liste gemacht? Die Idee aufgegriffen? Dann wählen Sie jetzt das aus Ihrer Liste aus, das *mehr* werden soll oder *weniger*.

Mehr: Sie beschreiben für sich, wie genau dieses Verhalten gelebt werden kann.

Weniger: Sie beschließen eine hintere Schrankecke.

Wenn wir unsere Kleider, unsere Anteile kennen, können wir mehr und mehr eintragen und auch andere Menschen besser verstehen. »I'm every woman, its all in me«, besingt diese Vielfalt die wunderbare Whitney Houston. »My diversity«, sage ich dazu. Die Liste ist nur eine Mikro-Sammlung. Dennoch, man kann diese Auswahl schon ganz schön für sich nutzen. Betrachten Sie Ihre Skalierung. Die Hunderter, die können Sie auswendig, aber bei allem unter 65 Prozent wäre ein Eintragen, das Langsam-sich-daran-Gewöhnen, vielleicht sinnvoll. Spüren Sie nach …

Das perfekte Tragegefühl

Noch mal kurz: Von den meisten Verhaltenskleidern wählen wir oft nur eine Handvoll aus, obwohl wir eine riesige Auswahl und viele Kombinationsmöglichkeiten hätten. Müssen wir schnell reagieren, entscheiden wir uns für das Verhalten, das wir gut kennen, das erprobt ist, das wir eingetragen haben. Es ist vielleicht nicht das beste Verhalten, es ist nicht das schönste, es ist vielleicht nicht einmal das Verhalten oder die Reaktion, die uns persönlich am besten gefällt, aber wir kennen das Tragegefühl, und wir wissen – wie bei den Kleidern –, wie die Menschen darauf reagieren. Würden wir alle Verhaltensweisen eingetragen haben, könnte passieren, was will, wir würden immer in das richtige Fach greifen.

Das gelegentliche, aber regelmäßige Einüben eines neuen Verhaltens oder das langsame Heranpirschen an ein Ziel sind nachhaltiger in der Wirkung, als wenn Sie, wenn Ihnen der Halskragen platzt, auf neue Weise und für die anderen sehr überraschend reagieren. So nach dem Motto: »Jetzt ist Schluss! Mir reicht's!«

»Übersetzt heißt das«, sagt Anne, »alle erwarten mich im Arbeitskittel, und ich komme auf einmal mit Cowboyhut?«
»So ist es. Sie können durchaus auch im Büro ein Cowgirl sein, aber richtig gut funktioniert das erst, wenn Sie dort Hut, Stiefel und Lasso immer mal wieder tragen. Auch Ihre Umgebung muss mit dem Verhalten vertraut sein, es als eingetragen empfinden, sonst kommt es aus der Schublade ›Kostümierung‹ nicht heraus.«
»Iiih, ich kenn die Schublade: Sie hat mal wieder ihre wilden fünf Minuten!«
»Schrecklich. Und man wird erst recht, wie sagt eine Freundin dazu: *wepsert.*« Sprich: wie eine Wespe, die wütend ist. Es endet dann bös, man kommt mit Entschuldigungen: »Oh, sorry, ich bin kurz durchgedreht, war nicht so gemeint, aber eben hast du mich auf dem falschen Fuß erwischt.«
Meist war es so gemeint, nur etwas unelegant ausgedrückt (da ungewohnt). Und es war kein Durchdrehen oder Ausflippen, auch kein Erwischen und kein falscher Fuß, sondern ganz genau so gemeint, aber eben impulsiv, falsch verpackt und damit nicht geschmeidig. Sich neues Verhalten nach und nach anzueignen, ist viel authentischer und nachhaltiger als ein schneller Kommunikationsgewinn.
»Wie geht das?«, will Anne wissen. »Ich kann doch keine Zielbeschreibung für Verhalten machen.«
»Wie haben Sie Auto fahren gelernt?«
»Ich hatte Fahrstunden.«
»Waren die beliebig, je nach Jux und Laune?«
»Nein. Geplant.«

So ist es auch mit dem Verhalten. Das bewusste Einlegen von Übungsstunden unterstützt Sie darin, Routine im Neuen zu entwickeln. Und nach einer gewissen Zeit werden Sie gar nicht mehr merken, dass Sie neu reagieren. Das Kleid ist eingetragen – es ist wie Fahrrad oder Auto fahren. Wichtig sind die Übungsstunden. Sie lernen in diesen auch, mit der Reaktion der anderen umzugehen. Das Schöne daran: Sie erproben ein neues Verhalten und können eine Stunde später schon wieder in den alten Schuhen sein, einfach um sich ein bisschen von dem Neuen auszuruhen. Was es dafür braucht, ist Sisu. Sisu ist das finnische Wort für Durchhaltevermögen.

»Womit wollen Sie anfangen?«
»Ich werde versuchen, andere um Unterstützung zu bitten.«
»Wie werden Sie das tun?«
»Um das zu lernen und mich nicht mehr so verantwortlich zu fühlen, werde ich mir jede Woche zwei oder drei kleine Übungsaufgaben geben. Morgen werde ich Louis bitten, mich bei einer Sache zu unterstützen, und ich werde nicht eher lockerlassen, bis er es tut. Ich bin deswegen ein bisschen aufgeregt, aber mal schauen.«
»Welches Kleidungsstück könnte dieses Verhalten symbolisieren?«
»Schon das Cowgirl, so nach dem Motto: ›Hey, Kumpel, hilf mir mal, wir müssen auf die Weide.‹«
»Und wenn er nicht reagiert?«
»Dann hol ich das Lasso und fang ihn.«
»Wie?«
»Mit guten Argumenten.«

Right! Lasso bedeutet aber: Man hat es dabei. Das bedeutet wiederum für die Kommunikation, auch die Argumente müssen parat dabei sein und lose am Sattel hängen. Heim reiten und Lasso holen – ist nicht!

Wenn auch Sie ein Verhalten eintragen wollen, finden Sie genau heraus, wann und wo Sie welches Verhalten üben wollen. Legen Sie sich fest! Und: Es kann auch etwas Lustiges, Schräges, Mondänes sein.

Wir brauchen *alle* Kleider in unserem Verhaltenskleiderschrank, weil es *Tausende* von Situationen gibt, in denen uns lässige Souveränität im Auftreten guttut.

Das Motto für ein Jahr

Jedes Jahr nehme ich mir ein Verhalten oder eine Eigenschaft vor, in der ich mich üben möchte. Ich lege Tage, Stunden fest, die ich dem Lernen von diesem Verhalten widme. Je weiter es hinten im Kleiderschrank hängt, desto besser. Jedes Verhaltenskleid ist es wert, passgenau einzutragen, auch wenn man es dann nicht mehr so oft braucht. Ein Jahr, an das ich mich gerne zurückerinnere, wählte ich das Verhaltenskleid: Luxus.

Der Hintergrund: Jahrzehntelang gestand ich mir keinen Luxus zu, weil meine Eltern eine Flüchtlingsvergangenheit hatten und nach dem Krieg noch einmal bei null anfangen mussten und entsprechend sparsam waren.

Luxus gab es bei uns nicht. Keinen kleinen und keinen großen. Wurde etwas gekauft, dann im Kaufhof, wo meine Eltern als Mitarbeiter Prozente bekamen. So träumte ich zum Beispiel jahrelang von einem Paar Schuhe von Salamander. Eigentlich egal, welches Modell, Hauptsache von Salamander, denn der Lurchi war mir aus dem Schwarz-Weiß-Fernseher so vertraut. Doch Salamander gab es in der Schuhabteilung vom Kaufhof nicht. Damit war mein Kinder-Luxustraum geplatzt. Außerdem waren Salamander-Schuhe teuer, und meine Eltern mussten sparen. Gekauft wurde, was günstig war. Erst kam der Nutzwert, dann die schönen Wünsche. Von den Salamander-Schuhen mal abgesehen, störte mich das Sparen gar nicht so sehr. Merkwürdig fand ich allerdings, dass wir immer nur im Kaufhof einkauften.

Erwachsen geworden, registrierte ich, dass ich auch mit dem eigenen Geldbeutel in der Hand noch immer nach dem Muster meiner Eltern lebte:

- Gute Ware, aber günstig.
- Erst einmal das auftragen, was man hat.
- Erst einmal warten, ob der Pulli nicht heruntergesetzt wird.
- Erst einmal prüfen, ob es nicht noch günstiger geht.
- Erst einmal in den Kaufhof! Herrjemine!

Es ging mir nicht um ein luxuriöses Leben, dafür bin ich viel zu bodenständig. Es ging darum, mir Luxus zuzugestehen. Das ist ein Unterschied. Dieses Gefühl gehört in die Schublade »Selbstrespekt«!

Luxus ist ein Teil des Lebens. Er zeigt sich darin, etwas zu lieben, auch wenn es sein Geld vielleicht nicht wert ist. Etwas zu kaufen, nur weil es einem gefällt. Nicht auf den Preis, sondern auf die Lust zu schauen. Zuzulangen, mitzuspielen, loszulegen und nicht zu fragen: Darf ich? Kann ich? Steht mir das überhaupt zu?

Ich beschloss, ein Jahr lang strategisch daran zu arbeiten, das Luxusthema in mein Leben zu integrieren – und zu genießen.

Damit mein Leben luxuriöser wurde, bedurfte es nicht nur einer Entscheidung, sondern – wie bei allen anderen Verhaltenskleidern auch – regelmäßiges Eintragen, das bedeutete: Übung. Die positive Begleiterscheinung davon:

Wer sich selbst etwas gönnen kann, gönnt auch anderen mehr. In jeder Hinsicht. Außerdem tut es gut, sich nicht zu begrenzen, einzuschränken.

Meine Agenda: Jeden ersten Mittwoch im Monat bummelte ich durch die Stadt mit der Aufgabe, mir etwas zu kaufen, das *wesentlich* teurer war als ein ähnliches »Normalprodukt«. Somatische Marker galten hier als Signalzeichen: Beim Öffnen des Geldbeutels musste es in meiner Brust ziehen, begleitet von Beklemmung, die da lautet: »Also nein! Das geht wirklich nicht. Dieser Preis ist unverschämt! Acht Euro für eine Schokolade? Sind die denn verrückt? 40 Euro für Strümpfe? Wie bitte, ein Pfund Kaffee kostet 15 Euro? Eine Handtasche für 250 Euro? Spinnen die?«

Es gibt viele Möglichkeiten, Luxus zu spüren. Es müssen nicht sündhaft teure Schuhe oder Klunker sein. Wenn Sie mit Luxus ein kleines Problem haben, setzt auch schon bei Schokolade für 8 Euro Herzrasen ein.

Und nun der erhöhte Schwierigkeitsgrad: Bei meinem Luxuskauf durfte es sich nicht um heruntergesetzte Ware, um B-Ware, etwas aus einem Outlet und keinesfalls um Kaufhofware handeln. Und da es nun einmal zu meiner Jahresaufgabe gehörte, machte ich mich an diese Erfahrung heran – und siehe da, alsbald wurden meine Einkäufe zu Trophäen, die ich mit Torte und leckeren Getränken feierte. Ich war die Herrin über meinen Geldbeutel geworden! Ich wurde Diva für den Augenblick.

»Sein Verhaltensrepertoire zu erweitern, kann sehr vergnüglich sein. Das sollte es sogar. Nur wer fröhlich lernt, lernt gerne. Irgendwann wird sich auch das ungewohnteste Verhalten auf diese Weise sehr stimmig anfühlen«, verspreche ich Anne.

Eingetragenes Verhalten geht uns in Fleisch und Blut über. Es wird ein Teil unserer Identität, und in der Folge können wir uns ein neues Verhaltenskleid wählen, das auch raus, an die Luft will. Unser Kleiderschrank ist so prächtig voll, tragen Sie alles und fügen Sie unbedingt noch einiges hinzu! In diesem Fall vielleicht Selbstrespekt?

Ich kenne das Kind, das in mir wohnt.
Ich bin vertraut mit der jungen Frau.
Mit der erwachsenen, der alten Lady, die ich einst werde.
Ich verneige mich vor meiner Schönheit und dem,
was unangenehm ist und gerade deswegen
Zuwendung von mir braucht.
Ich kenne meine Sehnsüchte,
meine Wünsche,
weiß, wonach mein Herz sich sehnt, was es begehrt.
Alles darf sein, in mir.
Ich respektiere die, die ich war, die ich bin und die,
die ich sein werde.
Jeder Zentimeter meiner Haut,
jede Zelle,
jeder Gedanke,
alles ist gut und alles ist Ich.

10

Sich dem eigenen Leben zuwenden

Als mich Anne anrief, um mit mir einen neuen Termin zu finden, da fragte ich sie, was ihr denn für die kommende Stunde wichtig sei.

»Ich habe jetzt schon viel in mir überblickt«, sagte sie und brachte ihr Anliegen auch gleich auf den Punkt: »Ich möchte gerne wissen, wo ich stehe, auch bezüglich der anderen Menschen. Wer gehört in mein Leben? Von wem sollte ich mich trennen? Wer tut mir gut und wer nicht? Wie werde ich zukünftig mit den Erwartungen anderer Menschen umgehen? Wie darauf reagieren?«

Das klingt noch immer ziemlich angestrengt, finden Sie nicht auch? Anne wollte – busy-busy – einen schnellen Wisch durch ihr Leben machen. Den Wunsch konnte ich verstehen. Die Erfüllung gelingt aber meistens nicht so busy-busy wie erwartet.

»Wir werden sehen«, antwortete ich ihr salomonisch und war gespannt, ob meine Reaktion in ihr nachklingen würde.

Bei ihren ersten Besuchen, erinnerte ich mich, war es Anne erst einmal wichtig gewesen, ein Gespür dafür zu bekommen, wann sie zu viel gibt und ob jemand in ihrer unmittelbaren Umgebung ist, der verlangt, der sie einschüchtert, beeindruckt – oder ob sie selbst bei alldem eine treibende Kraft ist. Anzunehmen, dass sie selbst mitwirkt, ja sogar sich geradezu anbietet, um dann von der Situation genervt zu sein, war für Anne nicht ganz leicht. Verständlich. Wer ist nicht gerne auch mal Opfer und wünscht sich, dass jemand einem über den Kopf streicht. Jetzt wollte sie Tabula rasa machen?

Wie verschafft man sich aber einen möglichst entspannten und freundlichen Überblick über die Menschen im eigenen Leben? Sind Sie auch an diesem Punkt?

Man kann:

- Eine Liste machen
- Etwas skalieren
- Einen Garten malen
- Oder man erstellt ein Vision Board

Lebensüberblick als Poster

Oft werden berufliche Ziele mit einem Vision Board ins Leben geholt. Deswegen sagen manche ja auch Ziel- oder Traumcollage dazu. Vision Board klingt super trendy, ist aber im Grunde nicht mehr als die gute alte Collage, zu der man eine Überschrift, ein Thema wählt, das mit Fotos, Bildern, Keywords ausgestaltet wird. Ob es um Teamentwicklung oder persönliche Entwicklung, Beziehung, Freundschaften, Hochzeit, berufliche Ziele oder Ruhestand geht – völlig egal. Sie können jedes Thema damit bildreich betrachten. Aber warum mit Bildern und mit einer Tabelle? Sie wissen es: Unser Gehirn kann Bilder schneller verstehen und umsetzen. Und auch wenn Sie Daten, Zahlen, Fakten lieben, arbeitet Ihr Gehirn nur zäh und ungern mit, denn Zahlen, Ziffern an sich haben keine Emotion. Es sind wieder die Bilder, die wir mit diesen Zahlen verbinden, die unser Gehirn verstehen lässt. (Also eine Zahl auf der Waage, um mal ein blödes, frauenfeindliches, abgegriffenes Beispiel zu nehmen, das aber sitzt: Das Bild ist das Kleid, das Sie nun tragen können; Blick auf den Kalender, Tage bis zum Urlaub: Das Bild ist ein Berg, ein See, das Meer oder wo immer Sie es hinzieht.) Und weil das so ist, können wir auch gleich mit Bildern arbeiten, indem wir diese in alten Fotoalben, digitalen Fotoalben, in Zeitschriften, im Netz finden. Hinzu gesellen sich Key Words und Ausrufe:

Hurra! Yippie! Sehnsucht!
Und kleine Kritzelzeichnungen:

Die Collage, die Bilder, Fotos, Keywords, Stichworte, Sätze, Affirmationen auf der Überschrift und zwischen den Bildern helfen zu verstehen und umzusetzen. Nehmen Sie ein großes Blatt Papier, auf das Sie die ausgeschnittenen Schnipsel kleben (Flipchartpapier). Alte Tapetenrollen nahm man früher, als es noch Tapeten gab. Oder Sie arbeiten digital. Mit den Händen finde ich immer besser, weil unsere Seele davon mehr angesprochen wird. Später haben Sie dann ein Poster, das Ihnen etwas über sich erzählt, das Sie verstehen, Zusammenhänge finden und Pläne gestalten lässt. Sie können Ihre Collage ständig ergänzen und das Thema auf diese Weise fortführen.

Würde Anne ein Vision Board erstellen, würde als Headline »Freundschaften, Beziehungen« darüber zu lesen sein. Oder exakter: »Wie lebe ich meine Beziehungen und Freundschaften?«

Daraus könnte sich ein »Wie möchte ich meine Beziehungen und Freundschaften leben?« ergeben. Vom Ist zum Soll: Da haben wir sie mal wieder: die Unterschiedsbildung. Ich habe mit Anne aber ein anderes Angebot im Sinn. Später. Gleich. Erst einmal möchte ich noch etwas anderes von ihr wissen:

»Was denken Sie, wie oder wer wären Sie, wenn es keine Erwartungen von anderen an Sie gäbe?«, richte ich also die Frage an Anne bei unserem nächsten Treffen. Sie ist mir seit unserem Telefonat durch den Kopf gegangen.

»Wenn es keine Erwartungen von anderen Menschen an mich gäbe, wäre ich laut und lustig«, erkennt Anne verblüfft. »Ich würde auf der Straße laut singen, mein Glück beim Schopf packen und beim Eisessen würde es mir nichts ausmachen, wenn ich kleckere.« Richtig in Fahrt kommt sie. »Es wäre mir einfach egal, was andere über mich denken, und es wäre mir wurscht, ob sie mich mögen oder nicht.«

»Weil?«

»Na, weil es schon noch ein paar geben wird, die mich genau so lieben, wie ich bin. Ein paar Verrückte gibt's doch immer!« Sie lacht laut los. »Schauen Sie mich an!«

Es macht ihr einen Heidenspaß, darüber nachzudenken, wie sie wäre, wenn sie sich nicht nach anderen richten und nur die Etikette verfolgen würde, die ihr sinnvoll erscheint. Für manche wäre es unpassend. Für manche passend. *Fickt euch! Anne macht das, was sie will.* Toller Titel für ein Mädchenbuch, nur mal so nebenbei.

»Wenn mir ein Theaterstück nicht gefällt, gehe ich in der Pause einfach. Und wenn es mir gefällt, wäre ich die Erste, die meine Begeisterung mit Standing Ovations zum Ausdruck bringt und ganz laut ›Bravo! Uuuuuhhh!‹ ruft.« Auf einmal sieht sie so aus, als wäre sie auf der Kirmes in einen Regenguss gekommen. »Weder das eine noch das andere habe ich bislang gemacht. Ein Theaterstück – und wäre es noch so blöd – würde ich niemals mitten im Stück verlassen, schon allein deswegen, weil ich die Akteure nicht kränken will.« Sie stutzt. »Dabei kenne ich sie gar nicht. Also nicht persönlich.«

Aha, merke ich, sie beginnt das Spiel zu verstehen. Außerdem, nur schnell zu Ihnen: Manche Schauspieler und Schauspielerinnen wären Ihnen vielleicht richtig dankbar, denn nicht alle mögen das, was sie da spielen müssen. Es wäre ein deutliches Zeichen an die Regie!

Anne ist jetzt mitten im Theatersaal, ich kann es sehen, ihre Augen sind ein wenig vernebelt, das ist das äußere Zeichen, wenn jemand nachdenkt und inneren Bildern folgt. »Und was die Standing Ovations betrifft – das traue ich mich noch viel weniger.«

»Sie hätten sich geschämt für diese mitreißende Kundgebung? Und wie wäre es mit Standing Ovations für etwas gewesen, das alle anderen blöd finden? Das wäre doch mal was ganz Besonderes. Sie könnten ›Auffallen!‹ üben. Noch bevor die anderen mit ihren Buhrufen beginnen, springen Sie wie eine Feder vom Sitz und rufen: ›Brava!‹ Und ›Bravo!‹ und klatschen wie verrückt.«

Anne sieht mich entgeistert an.

»Dschieses! (Jesus) Das können Sie?«

»Warum nicht? Solche Sachen übe ich dort, wo man mich nicht kennt«, weihe ich Anne in mein Konzept ein. »Es gibt viel, was man da ausprobieren kann. Sie können zum Beispiel in der Straßenbahn jemanden bitten, dass er für Sie aufsteht. Oder in einer dunklen Kneipe was trinken gehen. Oder sich überhaupt in zwielichtigen Bars herumtreiben.«

Wir prusten beide los und stellen uns wieder und wieder laut vor, wie das aussehen würde, im Theater, und alle anderen sind entsetzt, dass man bei solch einer miesen Aufführung so aus dem Häuschen gerät.

»Ich sage Ihnen was«, japse ich. »Das ist eine super Übung, die sollten Sie machen.«

»Ooh nein!« Anne wehrt sich mit Händen und Füßen. »Ich glaube, dann muss ich über mein Leben und meine Beziehungen nicht mehr nachdenken, dann verabschieden sich die Leute aus eigenem Antrieb von mir.«

»Dann würden Ihre Freunde feststellen, dass etwas nicht mehr passt. Überblick geht ja von allen Seiten und ist keine Alleinherrschaft.«

»Ja, so eng meine ich es auch gar nicht. Es geht eher um Schwingung, nicht um Fehler.«

Das ist ein guter Ansatz, denn: Kleine Fehler erhalten die Freundschaft.

»Na dann habe ich von meiner Seite aus ja dicke Freundschaftsangebote.« Anne lacht noch immer ein wenig, wird aber mit jedem Atemzug ein bisschen ernster. Ich streiche mir straffend über den Rock, um auch bei mir wieder Ordnung herzustellen. »Doch. Ja. Ich bin mir nicht mehr sicher, ob ich nicht aus Angst vor dem Alleinsein einige Freundschaften gepflegt hatte. Ich sah mich als Versagerin.« Wir schauen uns an. »Ich habe so viel über mich gelernt. Auch jetzt wieder. Wer wäre ich, wenn es keine Erwartungen gäbe oder – und das kommt mir gerade in den Sinn und ist sehr neu – dass ich von alleine auf diesen Unterschied komme, ich keine Erwartungen spüren würde.«

Chapeau, Anne!

Das ist grandios, dass sie diesen feinen Unterschied nun schon von sich aus wahrnehmen kann. Natürlich haben Menschen immer wieder neue Erwartungen an uns, die wir prüfen und gegen die wir uns gegebenenfalls durchsetzen sollten. Was aber, wenn wir voreilig Erwartungen spüren, die gar nicht da sind, und uns anpassen, obwohl niemand etwas von uns wollte? Das kann passieren, wenn man bereits komplett weichgespült wurde und vor lauter Furcht, dass die anderen einen nicht mehr mögen, uns etwas krummnehmen oder uns nicht mehr beachten, alles Mögliche mitmacht, was man eigentlich gar nicht wirklich mitmachen will. Spott, Liebesentzug und das Gefühl, nicht respektiert zu werden, tun einfach weh. Und davor wollen wir uns gerne schützen. Anne hatte in den letzten Wochen selbst viel davon verstanden. Was sie bei Flugreisen sofort akzeptierte, nämlich die Sauerstoffmaske erst sich selbst und dann einem anderen aufzusetzen, hatte auf der Erde etwas länger gebraucht, um als Idee akzeptiert zu werden. Einer ganzen Anzahl von Menschen hatte Anne die Maske, beinahe aus einem Reflex heraus, gleich von Anfang an, sozusagen prophylaktisch, überlassen. Bis es zu dem Moment kam, an dem ihr selbst die Luft wegblieb, sie keine Energie mehr hatte und es seelisch um ihr Leben ging. Zu erkennen, aus welcher Motivation heraus man sich und seine eigenen Bedürfnisse so schnell hintenanstellt, ist der erste Schritt, mit dem Ding umzugehen, das ich seelische Sauerstoffmaske nenne.

»Ja. Und deswegen möchte ich irgendwie aufräumen«, fährt Anne fort. »Magic Cleaning, was die Beziehungen angeht. Wer gehört noch in mein Leben und wer nicht mehr.« Nachdenken. »Fast hätte ich ›Fliegt raus‹ gesagt, aber das meine ich natürlich nicht. Es ist eher so, dass ich mich jetzt immer selbstsicher fühle. Früher betrat ich einen Raum, schaute mich um und überlegte, ob die Anwesenden mich mögen. Heute betrete ich einen Raum, schaue mich um und frage mich, ob hier jemand ist, den ich vielleicht mag.«

Es gibt viele Möglichkeiten, Antworten zu finden. Sie können wie gesagt ein Vision Board machen; eine Positiv-Negativ-Liste erstellen; priorisieren; alle Menschen nacheinander treffen, um direkt zu prüfen, was Sache zwischen Ihnen ist. Oder Sie nutzen eine Meditation, eine Trance, eine imaginative Fantasiereise zu sich selbst. Letztere ist eine der Optionen, die ich sehr bevorzuge. Wie beim Vision Board arbeitet man hier mit Bildern, nur nicht mit Schere und Klebestift, sondern innerlich und fließend. Super Sache.

Die Arbeit mit Träumen, inneren Bildern oder dem Wachtraum, wie die hypnoseähnliche Meditation auch vereinzelt genannt wird, ist – so Sie sich darauf einlassen und sie bejahen können – eine unglaublich wirkungsvolle Methode. Wieso bejahen? Weil Sie das wollen sollten. Ihre Seele geht nur da mit, wo Sie keine Vorbehalte haben, also ein interessiertes Ja sprechen. Aus dem gleichen Grund können Sie auch nicht so mir nix, dir nix hypnotisiert werden, zumindest nicht, wenn es um ernsthafte Themen und Inhalte geht. Zirkushypnosen sind etwas anderes. Wenn Sie also meinen, dass Sie sich über unsympathische Beraterinnen und Berater, eine komische Atmosphäre, merkwürdige Sätze, einen unbequemen Sessel oder eine speckige Liege hinwegsetzen können, wird das nicht funktionieren. Bei Meditationen, Hypnose und Trance hat Ihre Seele, Ihr Unterbewusstsein ein Mitspracherecht. Der Moment muss für Sie stimmig sein, erst dann spazieren Sie frei in sich selbst herum und können die Bilder betrachten, die Ihnen Ihre Seele sendet.

Ich selbst habe mehrere Lieblingsreisen – eine davon nenne ich »Lebenshaus«. Das Lebenshaus schenkt uns Einblicke, wie es uns mit uns selbst – und in diesem Fall – mit Freundinnen, Kollegen, der Familie geht. Handelt es sich um dieses Thema, bitte ich meine Klientinnen, sich eine Party vorzustellen. »Stellen Sie sich vor«, spreche ich ruhig, nachdem sich die Klientin entspannt hat und ihre Augen geschlossen sind, »Sie wohnen in einem großen, wunderbaren Haus und geben ein großes Fest.« Sehr bald würden auch Sie ein Haus, Zimmer, Flure sehen. Wie Anne. Und dann stellen Sie sich, wie ich es bei Anne tue, die Frage: »Wie sieht das Haus aus?« Danach folgt eine nächste Frage: »Wer ist zu Gast?«

Sie können sich Ihr Haus nach den Räumlichkeiten betrachten, der Aufteilung, wie leer oder voll der Keller ist, ob Sie einen Garten, mehrere Stockwerke, Balkone mit Ausblick haben. Oder es stehen, wie bei Anne, Ihre Freundschaften und Beziehungen im Mittelpunkt. In dem Fall geht man in der Trance einfach durch die Räume und schaut mal, wer da so sitzt oder tanzt. Wer sich mit wem unterhält oder nicht. Und wie man sich selbst fühlt. Wo es einen hin- und von wo es einen wegzieht.

Anne wollte ihre Verbindungen überblicken. Zu viele Menschen hatten sich in ihrem Leben angesammelt, von denen sie nicht mehr wirklich wusste, ob und was sie genau mit ihnen verband. »Manchmal stelle ich mir die Frage, ob ich nur bleibe, damit ich nicht gehen muss«, formulierte sie das. Innere Bilder helfen uns, die Antwort zu finden. Das bedeutet nicht, dass innere Bilder recht haben. Sie sind ein Hinweis, den wir betrachten können. Das Haus und die Party sind eine Möglichkeit, wie sich viele Situationen, Erinnerungen und Menschen zeigen können.

Wer wird wohl da sein?

Ich mag Fantasiereisen, Meditationen und die Wachtraumarbeit sehr, weil man sofort mitten in einem Thema ist. Bei Anne bin ich neugierig, was ihr widerfährt:

- Welche Menschen werden bei ihr wohl auftauchen?
- Welche Gefühle?
- Welche Gedanken?
- Welche Lebensräume wird sie erkennen?

In unserem Inneren befindet sich eine Bibliothek mit Erfahrungen, Zitaten, Geschichten und Bildern. Wir können all das nutzen, um uns zu erkennen und unsere Wunden zu heilen.

Allein oder zu zweit unterwegs

Meditationen und Fantasiereisen sind eine wohltuende und wirkungsvolle Art, in die eigene Seele zu blicken. Die Bilder führen uns zu den Themen, die für uns eine Wichtigkeit haben. Da die Seele, wie Sie bereits wissen, in Bildern spricht, sind Meditationen und Fantasiereisen geradezu ideal, um etwas von sich selbst zu erfahren. Es gibt Meditationen und kleine Hypnosen, die geführt sind – in dem Fall gibt Ihnen eine Therapeutin oder ein Therapeut Impulse –, oder Sie ziehen alleine los. Wichtig dabei ist nur, dass Sie eine Zeit lang ungestört sind und sich gerne auf die Bilder einlassen.

Anne hatte bemerkt, dass sie in dieser Trance wie eine Herrin durch die Räume schritt, Gäste begrüßte und Freunde umarmte.

»Aber ich war nicht entspannt. Immer wieder dachte ich: Ich muss mich um die Gäste kümmern, sie gut versorgen, damit sie sich wohlfühlen. Als gehe es gar nicht um mich. Das Essen und Trinken standen im Mittelpunkt, und mir war, als sei ich für den Service verantwortlich.«

Das erinnerte mich eher an einen Catering-Service als an eine Party. Da dient man den anderen, aber nicht sich selbst.

Jetzt zeigte die Meditation, dass auch Anne diente. Sie konnte sich nicht zurücklehnen und an den Gästen erfreuen, sondern beäugte unsicher die Situation, ob es nicht einen Gast mit einem Wunsch gab, den sie übersah. Sie wünschte sich so sehr, leicht zu sein. Frei, beweglich, schön. Wie ein Schmetterling. Aber noch befand sie sich im Raupenstadium und hatte ihre strampelnden Raupenärmchen. Ihre Hände zuckten, weil sie immer wieder den Drang verspürte, Häppchen zu reichen und Gläser nachzufüllen. Ihre Gespräche, waren mechanisch.

»Alles in mir war blockiert«, erinnert sie sich bei unserem nächsten Treffen an ihren inneren Film. »Ich wollte herzlich lachen, aber der Hals war mir wie zugeschnürt. Nur die Wege zwischen den Räumen waren frei, weil ich mich dann unbeachtet glaubte. Im Grunde empfand ich sogar großen Stress, es war gar keine vergnügliche Party. Dass die Gäste wegen mir da waren, konnte ich nicht annehmen. Ich fühlte mich, wie meine Mutter dazu gesagt hätte, verklemmt. Minderwertigkeitskomplex ist scheinbar mein zweiter Vorname.«

»Gibt es noch etwas, was Ihnen dazu einfällt?«

Anne überlegt. Ihre Stimme wird leise. »Meine Mutter hat einmal gesagt, ich hätte nur deswegen Freunde, weil ich sie immer gut versorge und Geschenke mache. Ich würde mich irren, wenn ich davon ausginge, es hätte mit mir zu tun. Und es war ja auch so. Als verlässlich konnte ich die meisten Freundschaften nicht bezeichnen. Meine Mutter hatte recht, und es ist mir peinlich, wie ich nur so naiv sein konnte zu glauben, dass man mich mag, weil ich bin, wie ich bin.«

Ich schlucke ein bisschen und höre Anne weiter zu. Sie ist schon einen Schritt weiter.

»Marion tauchte auch auf.« Marion ist eine alte Freundin von Anne, die viel Macht über sie hat. Sie hatte mir von Marion schon oft erzählt. »Sie ist die Schönere von uns. Marion war schon als Kind sehr beliebt. Viel beliebter als ich. Ich glaube, wir sind eng befreundet. Na ja, wir sehen uns nicht mehr so oft, aber da gibt es viel Verbindung. Wir telefonieren regelmäßig. Ich muss mich dabei aber häufig rechtfertigen, beziehungsweise ich passe mich ihr an, um sie nicht zu verlieren. Es macht mir nichts aus. Ich habe Marion gern. Bin ihr dankbar.«

»Für was?«

»Dass sie meine Freundin ist. Dass sie mir ihre Freundschaft schenkte. Sie war in unserer Jugend als Freundin sehr begehrt, und ich konnte es nicht fassen, dass sie sich für mich interessierte. Ich war irgendwie ein Nichts in dieser Clique. Eine beste Freundin zu haben, das war ein Traum von mir. Das war wie im Bilderbuch.«

O ja, in Bilderbüchern und Mädchenromanen finden sich die ersten Strickmuster für Frauenfreundschaften. Wenn man sich die Muster dieser Geschichten betrachtet, wird einem so manches klar.

Strickmuster für Freundschaften

Die Zutaten für Freundschaften in Mädchenbüchern sind: sich ohne viele Worte verstehen; sich alles sagen; sich stets einig sein; sich nie verraten; für die Freundin zurückstecken; sich immer lieb haben; keine anderen Freundinnen haben.
Die Freundschaften in Jungenbüchern sehen so aus: Man kämpft zusammen für eine Sache; bildet Teams; hat Regeln; Coaches; es gibt jemanden, der anführt, der Käpt'n ist. Man hat einen besten Freund, aber auch Freunde. Bestenfalls eine Gruppe, deren Chef man ist.

»Auch wenn Marion und ich uns nicht oft sehen, habe ich große Angst, diese Freundschaft zu verlieren, denn dann …«

»Dann?«

»… dann bin ich ganz allein.« Anne beginnt zu weinen und ist gleichzeitig irritiert darüber, dass sie empfindet, wie sie empfindet. »Es ist verrückt. Ich habe Angst, dass unsere Freundschaft zerbricht, obwohl ich mich oft so geduckt fühle, mich nicht zeige.« Ich warte einen Moment, weil ich sehe, dass sich in Anne noch etwas formulieren will. »Aus Liebe würde ich alles für sie machen, aber ich weiß gar nicht, ob sie mich auch so liebt wie ich sie. Ich verschwinde hinter ihr. Sie ist wichtiger als ich.«

»Kennen Sie das Gefühl noch von woanders her?« Ich parke Marion mal draußen im Wartebereich in einen der Sessel, denn ich habe den Eindruck, dass Annes Trauer eigentlich einem anderen Menschen gehört.

»Wen haben Sie alles im Haus getroffen?«

Anne schaut mich still an. Es braucht eine ganze Zeit, bis sie – stirnrunzelnd – beginnt. »In der Küche saßen Marion und andere Freundinnen aus meinen Kindertagen, meiner Schulzeit; im Wohnzimmer mein Onkel Kurt. Das war echt emotional, er lebt nämlich schon lange nicht mehr. Das war so schön. Wir haben uns umarmt.«

»Haben Sie mit ihm gesprochen?«

»Nein. Er gab mir emotional zu verstehen, dass er mich mag. Ich konnte das fühlen. Es hat mich gerührt. Und dann waren da aber auch noch Kollegen, eine frühere Chefin, zwei, drei Schauspieler aus Netflix- oder Amazon-Serien.« Sie schüttelt sich. »Crazy war das!«

Alle Gäste sind willkommen

In Trance oder Gedankenreisen können alle Menschen auftreten, die etwas mit uns zu tun haben oder hatten. Selbst Tiere, Fantasiefiguren oder Fernsehstars können sich zeigen. Eichhörnchen, Flipper, Bernd das Brot, Oma Eusebia oder Fix und Foxi – alle Gäste sind willkommen. Ihr Unterbewusstsein zaubert Ihnen die wunderbarste Party, wenn Sie entspannt sind und es zulassen. Und: Jeder Gast bringt eine Botschaft mit!

»Das klingt nach einer ausgelassenen Feier!«

»Ja! Später wurde ich sogar mehr Gastgeberin, setzte mich mal hier hin, mal dort.«

»Das zeigt, dass Sie die bedienende Haltung verlassen hatten und mehr und mehr zur Gastgeberin wurden.« Ich ermutige Anne, sich das klarzumachen.

»Ja! Eine ganze Zeit fühlte ich mich auch richtig großartig. Es war so eine Ruhe in mir. Übersicht. Aber dann passierte etwas, was mich aus der Bahn warf und mich auch jetzt noch völlig schockiert. Als ich in der Meditation den kleinen Wintergarten meines Hauses betrat, da saß – nein, thronte – meine Mutter. Großer, roter Sessel mit hoher Lehne. Es fehlte nur noch die Krone auf ihrem Kopf. Sie fuhr mich an, was denn das für ein bescheuertes Fest sei. Ich würde den anderen etwas vormachen, dabei wüsste ich gar nicht, was eine gute Gastgeberin sei. Sie sagte, ich hätte keinen Stil und keine Ahnung. Dass sie viel wichtiger sei als ich und viel besser. Sie meinte auch«, Anne schluckt, »dass die Gäste nur irrtümlich bei mir wären, und würden sie sie, also meine Mutter, kennen, würden sie sich mit ihr unterhalten, weil sie etwas zu erzählen hätte und ich nicht. Sie zeterte, dass ich sie nicht vorgestellt hätte und dafür an den Lippen von Frau Lavand – Sie erinnern sich, die großartige Vorgesetzte – gehangen hätte. Die gar nicht gut angezogen wäre und eine Frisur hätte, dass man allein bei ihrem Anblick Augenkrebs bekäme!«

»Hoppla!« Jetzt haut es auch mich in die Rückenlehne. Da ist Annes Mutter ja wieder und zwar mit allem Glanz und Gloria! Anne ist entsprechend aufgewühlt. Vor Wut und Traurigkeit werden ihre Augen feucht, sie zittert.

»Es war wie immer. Nie ist sie zufrieden. Ständig liege ich daneben, bin komisch, merkwürdig, unpassend. Sie hat das bessere Auftreten, die schönere Figur. In meinem Alter war sie flinker, klüger, wurde mehr geachtet. Wenn ich sie besuche, zuppelt sie an mir herum, als wäre ich eine Vierjährige, die sich nicht selbst anziehen kann. Komme ich glücklich vom Friseur, fragt sie, warum er vergessen hat, den Pony zu schneiden. Einmal habe ich ihr eine Reise nach Paris zum Geburtstag geschenkt, und sie fragte mich, ob sie auch das Geld haben könnte, sie würde gerne woanders hinfahren. Ich habe sie geliebt, so wie sie ist. Noch heute tue ich alles für sie. Aber sie achtet mich nicht. Ich bin und bleibe verkehrt, bin ihr nie genug. Das ist ein schreckliches Gefühl.«

»Ich kann es fühlen«, bestätige ich sie.

Dass ich all das aus eigener Erfahrung kenne, sage ich Anne nicht. Nicht weil ich es verschweigen möchte, sondern weil sie das Recht hat, dass zumindest hier bei mir ihr Erleben und ihre Traurigkeit im Vordergrund stehen. Frauen wie Annes Mutter lassen ihre Töchter nicht erzählen. Sie hören nicht zu. Sie fragen nicht wirklich interessiert nach und wenn, nutzen sie die Antworten wie Stichworte, um sich selbst wieder in den Mittelpunkt zu stellen. Nichts zu bedeuten, nichts zu sein, sich unwichtig zu fühlen, es ist ein wackeliges Gerüst, das sich dadurch bildet. Stehen kann man darauf nicht. Gleichgewicht? Vergessen Sie's! Töchter von narzisstischen Müttern kennen die innere Anspannung, einmal eine volle Punktlandung bei der Mutter zu erleben, es reicht aber immer nur für 98 Prozent. Ganz knapp vorbei ist in letzter Konsequenz dann doch daneben. Da hilft nur eines: erkennen und aussteigen. »Ich stehe nicht mehr zur Verfügung!«, diesen Satz zu verinnerlichen und bei Bedarf zu denken, ist ungemein hilfreich. Lesen Sie dazu Olaf Jacobsens gleichnamiges Buch.

> ### Die Sache mit den Müttern
>
> Mädchen sollten davon ausgehen können, von der Mutter bedingungslos geliebt zu werden. Bei vielen, wie bei Anne, ist es aber – leider, leider – nicht so.

Meine Mutter hatte, wie auch andere Frauen ihrer Generation, kein einfaches Leben und war durch Krieg und Flucht traumatisiert. Das hatte Auswirkungen darauf, wie sie sich selbst, ihre Umgebung und das Leben überhaupt erlebte. Alles drehte sich permanent um sie selbst! Aber das ist ihre Geschichte und hat gewissermaßen »nur zufällig« Auswirkungen auf mich als ihre Tochter: Es brauchte Jahre, bevor ich herausfand, warum ich mich so unsicher in der Welt bewegte. Ich war sehr lange nicht gut genug. Nicht was meine Leistungen betraf. Meine Mutter fand ihren Weg, ihr Schicksal einfach wichtiger und bedeutender als mein Leben, und im Übrigen stand sie auch über den Lebensgeschichten der meisten anderen Menschen, die sie traf. Wir haben uns erst sehr spät, da war sie bereits über achtzig Jahre alt, dann doch noch gefunden. Sicher war dafür hilfreich, dass ich sie irgendwann einfach so liebte, wie sie war, und nicht mehr nach der Gegenliebe verlangte, die sie mir nicht geben konnte.

»Ich kann es nicht zeigen«, sagte sie so oft, aber ich glaube, dass sie aufgrund des erfahrenen Traumas gar nicht in der Lage war, Gefühle körperlich zu spüren. Sie versuchte das mit Mimik und Gestik zu kompensieren, aber na ja, es ist schwierig, diesen Mix aus Worten ohne Schwingung glaubhaft anzunehmen. Aber man kommt raus. Man kommt aus allem raus. Stroh – Gold, Sie wissen schon. Und wir können über diesen Weg Verständnis entwickeln. Für uns, unser Gegenüber, die Situation. Verständnis bedeutet jedoch nicht, dass wir alles akzeptieren und annehmen müssen.

> ## Heilung für Töchter narzisstischer Mütter
>
> Wenn Töchter von ihren Müttern nicht gesehen werden, aus Konkurrenz- oder anderen Gründen, ist das mit eine der Ursachen, wieso sich diese Frauen häufig nicht angenommen fühlen und oft davon ausgehen, etwas tun zu müssen, damit sie das Gefühl haben, geliebt zu werden. Ja, es geht sogar so weit, dass diese Frauen sehr viel für andere tun, um überhaupt ein Gefühl von Lebensberechtigung zu haben. Die US-amerikanische Psychotherapeutin Karyl McBride hat *Werde ich jemals gut genug sein?* geschrieben, ein ganz wichtiges Buch, das diese Thematik behandelt. So Sie ebenfalls davon betroffen sind, lege ich es Ihnen ans Herz.

»Meine Mutter tat ja irgendwie ihr Bestes«, unterbricht Anne meine Gedanken. »Aber sie hat sich nicht wirklich für mich interessiert. Was sie erlebt hatte, war immer spektakulärer als alles, was ich erlebte. Sie war schillernd, ich das seltsame Kind, das man besser im Nebenzimmer lässt, damit es nicht peinlich wird. Nein, ganz so schlimm war sie nun doch wieder nicht. Sie hat mich geliebt. Aber eben auch nicht.«

Wir möchten alle geliebt werden. Von Vater, Mutter, Großeltern und den Frauen, die Freundinnen sind. Auch Anne. Mütter mit einer narzisstischen Persönlichkeitsstruktur lieben aber in erster Linie sich und sind von sich selbst, dem eigenen Leben und den eigenen Erfahrungen begeistert. Das ist sehr kränkend für ein Kind. Es ist eine Zurückweisung, eine Nichtbeachtung von einem der wichtigsten Menschen in unserem Leben: unserer Mutter. Die Lebenshaus-Reise von

Anne brachte das aus dem Unbewussten ins bewusste Tageslicht. Nun weiß sie, dass es da etwas gibt, was noch nicht geheilt ist und von daher Pflege und Liebe bedarf. Es ist nicht *nur* eine Wunde. Es ist eine Beeinträchtigung, die in alle Lebensbereiche hineinspielt. Phantomschmerz nenne ich das.

Narzisstische Mütter benutzen andere Menschen nur als Bühne, auch die Töchter. Kann sein, dass dein Mann dich liebt, vermittelt solch eine Mutter, doch nur deshalb, weil er mich in meinen jungen Jahren noch nicht kannte. Ich bin die Schönste im Land. Ich bin die wirkliche Königin an seiner Seite. Womit wir wieder bei Aschenputtel beziehungsweise Cinderella wären. Das ist toxisch! Diese Erfahrung wird auf andere Lebensbereiche übertragen.

»Wenn Sie nun das Verhältnis zu Ihrer Mutter so erfahren haben und in die Bilder der Trance zurückgehen«, fordere ich Anne auf, »können Sie besser verstehen, wieso Sie eher die Gäste bedienten, als sich selbst als Mittelpunkt des Fests zu fühlen.«

Der Knick in der Optik entsteht durch Schlussfolgerung: Die Beziehung zur Mutter ist die Vorlage zu allen anderen Freundschaften und Beziehungen. Jemand bittet um etwas, aber trotz aller Bemühung entsteht der Eindruck, als hätte man den Wunsch nicht ganz getroffen, müsse sich noch ein wenig mehr bemühen, noch exakter sein. Etwas passt einfach nicht, und erst wenn es ganz passt, gibt es auch endlich die volle Portion Liebe. Das Problem ist nur: Man wird es nie erreichen!

»Ist das auch das Marion-Gefühl?«, will ich von Anne wissen. »Fühlen Sie mal nach. Ist es am Ende gar nicht Marion, sondern Ihre Mutter, die sie so verunsichert?«

Es ist so.

Wir sehen weitere Beziehungen von Anne an und finden Ähnlichkeiten. Anne, die sich bemüht, zurücksteckt, schweigt, weil sie davon ausgeht, dass das die Grundlage dafür ist, dass sich Menschen überhaupt mit ihr abgeben. Weil sie als Mensch zu wenig ist. Immer wieder taucht bei ihr auf, dass sie etwas tun muss, damit andere sie lieben. Die Mutter, Marion, noch eine Freundin, Louis in der Arbeit, Kolleginnen. Und auch als Mutter hat sie oft den Eindruck, dass »sie nicht reicht«.

Die Mutter ist der Imprint. Der Fußabdruck dafür, wie wir uns in späteren Beziehungen verhalten und was wir erwarten werden. Anne hatte bei Marion eine bekannte Beziehungsstruktur wiedergefunden. Eine Beziehungsgestaltung, die ihr bestens vertraut war. Sie bemüht sich um die Liebe von Marion, die sie manchmal bekommt und manchmal nicht.

»Es gab Phasen, da hat mich meine Mutter tagelang ignoriert, und dann tat sie mit einem Mal ganz süß und vertraut. Meistens sollte ich ihr in diesen Momenten etwas besorgen. *Schätzchen, Liebes, kommst du mal eben und bringst der Mutti ...* Das hat mich ganz kirre gemacht. Sie war aber nie ganz zufrieden, irgendein Haar in der Suppe war immer zu finden. Und ich suchte die Schuld bei mir. Dass ich kleinlich wäre, hab ich mich geschimpft. Marion hat es auch zweimal geschafft, mich über Jahre zu ignorieren – und hatte nicht einmal eine Entschuldigung für mich. Ich hatte beide Male den Faden zu ihr wieder aufgenommen. Und als ich sie einmal darauf aufmerksam machte, dass ich beide Male nicht nachtragend gewesen sei, schnippte sie meine Worte gleichsam weg. *Ach, hör doch auf mit dem alten Zeugs.*«

Genau jetzt sind Frauen mit wenig Selbstrespekt mit ihrem Gegenüber mehr beschäftigt als mit sich selbst. Sie haben wieder das Gefühl von *knapp vorbei* oder den Eindruck, dass sie sich nicht verständlich machen können. Das ist aber nicht so. Es ist auch möglich, dass unser Gegenüber, in dem Fall Marion, kein Interesse oder keine Möglichkeit hat, die eigene Position zu verlassen und die Situation von anderer Seite zu betrachten. Andere Menschen verstehen zu wollen, ist eine bewusste Aktion, die Neugier, Reflexion und ein offenes Herz voraussetzt. Das ist einerseits eine Entscheidung – und andererseits muss man gewahr sein, ob man es kann oder können möchte.

»Was muss passieren, dass Sie sich von einem Menschen, der Ihnen nicht guttut, abwenden?«

Fast sieht es so aus, als würde Anne sich in toxischen Beziehungen besser auskennen als in ausgewogenen, wohltuenden Beziehungen auf Augenhöhe.

Flecken zeigen sich an ihrem Hals, und ich sehe, wie sie mit Worten und Tränen ringt. Das ist nicht nur Marion. Das ist eine tief sitzende Trauer, eine umfassende Verängstigung.

»Marion hat zu mir gesagt: ›Du bist ganz anders geworden. Ich verstehe dich nicht mehr. Ich komme mit dir nicht mehr klar.‹ Als ob ich es wäre, die da etwas zu verantworten hat.«

Menschen, die sich nach anderen ausrichten, quasi im Leben anderer verschwinden, suchen oft Anbindung und Sicherheit. Sie möchten nicht allein sein, sehnen sich nach Gefährten, Liebe, Anerkennung. Sätze wie die von Marion ziehen einem dann den Boden unter den Füßen weg. Alles wird infrage gestellt, und Frauen, die sich selbst nicht respektieren, suchen sofort die Schuld bei sich. Wichtig ist für diese Frauen, herauszufinden, was sie sich wünschen, wen sie gerne um sich hätten, von wem sie profitieren können und wem sie gerne etwas geben möchten.

»Wenn Marion mich schweigend abstraft«, fährt Anne fort, »wenden sich auch ihre Töchter von mir ab. Sie mauern gemeinsam gegen mich. Als müsste man mich ausgrenzen, als sei ich die Pest. Und das, obwohl ich ihre Patentante bin.«

Sie hat das alles nicht erzählen wollen, das weiß ich. Dachte, es sei zu groß, zu unpassend, würde die Sitzung sprengen. Aber wenn es einen Ort gibt, wo diese dunklen Geschichten hingehören, dann in eine Beratung. Frauen wie ich sind die Komplizinnen all derer, die sich verletzt und einsam fühlen. Und wir sind die, die sagen:

»Das ist sehr schlechtes Benehmen. Es gibt aber noch ein anderes Wort dafür.«

»Welches?«

»Gift!«

Marion ist Anne keine wirkliche Herzensfreundin, wenn sie so ungnädig mit ihr umgeht. Wenn sie Bedingungen stellt, in schweigende Distanz verfällt. Ghosting nennt man das heute. Ambivalente Reaktionen halten Menschen fest. Mit *Gleich klappt es, gleich ist es richtig, es fehlt nicht viel, nur noch ein paar Millimeter* kann man Menschen sehr gut binden. »Gelegentliche Verstärkung« nennt man das in der Pädagogik. Narzissten denken aber nicht pädagogisch und nicht psychologisch, sondern sind einzig und allein mit sich selbst beschäftigt.

Für mich war es damals wichtig, zu erkennen und zu analysieren, auf welche Worte, welchen Augenaufschlag, welche Tonart und welche Bitten ich mit teilweise blindem Aktionismus reagierte. Wieso mich die Beziehung zu anderen Menschen mehr beschäftigte als die Beziehung zu mir. Warum ich – nahezu von Natur aus – davon ausging, dass ich etwas tun muss, damit andere mich lieben. Wie Anne habe auch ich das mit der Muttermilch eingesaugt.

»Ich dachte, ich sei schon weiter.« Anne zuckt enttäuscht mit den Achseln. »Diese Sitzung sollte glanzvoll werden, und nun stecke ich im Morast der Kindertage.«

»Das geht nur, weil es glanzvoll ist. Ihr Unterbewusstsein hätte Ihnen das nicht gezeigt, wenn Sie nicht kraftvoll genug dafür gewesen wären. Und nun können Sie diese Geschichte nach und nach beenden, indem Sie achtsam und respektvoll mit sich umgehen. Sie sind auf einem guten Weg, Anne.«

»Klingt wie ein Mädelsroman.«

»Ich fände es grandios, wenn Sie diesen schreiben würden!«

Ab jetzt steht für Anne also das Thema Heilung und Veränderung im Vordergrund. Sie kam in unsere Sitzung, um die Freundschaften zu betrachten, und nun scheint es so, als sei erst mal »Maaamaaa!« dran.

»Es geht um Selbstliebe, Selbstachtung, Selbstrespekt«, fasse ich zusammen.

»Da ist aber viel Selbst drin.«

»Es ist genau so viel Selbst drin, wie Sie brauchen!«

Dafür ist die Lebenshaus-Meditation ebenfalls eine gute Methode. Sie können das Zimmer für Klarheit und Respekts betreten. Welcher Raum könnte das in Ihrem Haus darstellen? Das Wohnzimmer? Vielleicht etwas zu gemütlich. Ein Büro? Womöglich etwas zu nüchtern. Eine Hausbibliothek? Klingt gar nicht so schlecht. Doch es kann sein, dass Ihr Unterbewusstsein eine ganz andere Idee hat. Folgen Sie den Bildern. Sie können auch bewusst auf einzelne Gäste zugehen, besonders dann, wenn Sie dieser Mensch innerlich in irgendeiner Weise beschäftigt. Sie können in der Meditation sagen, was Ihnen auf dem Herzen liegt, was Sie sich wünschen oder wofür Sie dankbar sind.

»Wenn es darum geht, um innere Beschäftigung, dann nehm ich meine Mutter«, sagt Anne und verzieht den Mund, als hätte sie in eine Zitrone gebissen.

»Diese Begegnungen in der Trance sind mehr von Erfolg gekrönt, wenn Sie wirklich etwas lösen, heilen wollen«, sage ich. »Das ist nicht sauer. Das ist nicht süß. Das ist geschmacksneutral und offen. Auf Augenhöhe. Nicht mehr aus der Position des Kindes heraus. In der Trance hilft es, der Mutter zu begegnen und ihr zu sagen: ›Es tut mir aufrichtig leid, dass wir keine ebenbürtige Beziehung miteinander haben. Ich will ab jetzt alles dafür tun, damit sich das ändert: Ich werde mich respektieren, mich würdigen, mich lieben und mich dir mehr und mehr authentisch zeigen, so wie ich bin. Ich verspreche dir und mir, dass ich keine Angst haben werde, dich dadurch zu verlieren, denn das Wichtigste in meinem Leben, das bin ich. Du darfst an meinem Leben teilhaben, so wie ich es für richtig und gut halte. Das wichtigste Ziel in meinem Leben ist es aber, mich zu spüren und Mittelpunkt in meinem Leben zu sein. Dass ich zum Ausdruck komme!‹«

Na klar, würde Annes Mutter ausrasten, würde die Tochter das in Wirklichkeit so zu ihr sagen! Aber wir bewegen uns hier in Trance, in der Meditation, da darf alles sein, und in ihr ist alles möglich. Wir sind so mutig und so sanft, wie wir das entscheiden. Unsere Seele kennt weder Wachheit noch Schlaf noch Trance. Für sie ist alles real. Deswegen können wir auf diese Weise eine neue Haltung erproben und heilen.

»Und wenn vielleicht nichts mehr geht? Nicht gerade bei meiner Mutter, aber bei Marion oder anderen Personen?«

»Dann nehmen Sie in der Trance in Frieden Abschied.«

Aber ich denke, das überlassen wir jetzt Anne und mir, denn es ist ein bisschen zu privat. Es sei denn, Ihnen liegt das Thema auch auf der Seele. Abschied nehmen. In dem Fall kann ich Ihnen etwas mitgeben. Bewusst Abschied zu nehmen, in Liebe und – ja – Freundschaft hat etwas sehr Würdevolles und ist voller Respekt. Für alle Seiten.

Abschiedsmeditation

Nehmen Sie sich dafür dreißig Minuten Zeit. Es ist sinnvoll, Haustürklingel und Telefon abzustellen und die Fenster zu schließen. Wenn Sie Kinder haben, schicken Sie sie zu Freunden oder beglücken Sie sie mit einem kniffligen Puzzle. Machen Sie es sich auf einer Couch gemütlich oder mit einer Decke auf dem Boden. Es genügt, wenn Sie den Text der Meditation vorher zwei- oder dreimal lesen. Falls Sie lieber »geführt« werden, bitten Sie eine liebe Person, dass sie Ihnen den Text vorliest – oder nehmen Sie ihn sich vorher auf.

Legen Sie sich entspannt hin. Wenn es Ihnen guttut, können Sie eine Musik auswählen. Schließen Sie nun die Augen und stellen Sie sich vor, wie Sie durch ein Tor in einen schönen sonnigen Garten gehen. Auf einer kleinen Anhöhe steht ein Baum, unter den Sie sich setzen. Der Mensch, von dem Sie sich verabschieden wollen, kommt nun auf Sie zu. Sie oder er sieht Sie und setzt sich zu Ihnen ins Gras. Sagen Sie diesem Menschen nun all das, was an dieser Freundschaft so schön war. Reichen Sie die Hand und bedanken Sie sich für die Unterstützung, die Liebe, die Hilfe und die vielen schönen Augenblicke. Vielleicht tauchen nun bestimmte Situationen vor Ihrem inneren Auge auf. Betrachten Sie diese Erinnerungsmomente und lassen Sie die

Bilder dann wie Wolken weiterziehen. Bedanken Sie sich auch für all die Erfahrungen, die Sie mit dieser Person machen durften, weil diese auch in Ihrer Zukunft wirken.

Wenn Sie alles gesagt haben, lassen Sie nun Ihr Gegenüber erzählen, was es als reich und kostbar empfunden hat. Hören Sie, welcher Dank Ihnen ausgesprochen wird und in welcher Weise Sie das Leben dieses Menschen bereichern durften. Nehmen Sie die Anerkennung mit offenem Herzen an. Spüren Sie die wärmende Energie und finden Sie auch den Mut, von den negativen Gedanken und den Verletzungen zu berichten. Es ist viel Verzeihen in Ihnen, und Sie wissen, dass auch Sie freier werden, wenn Sie sich und diesem Menschen vergeben können.

Ist alles ausgesprochen, hören Sie, in welcher Weise sich Ihr Gegenüber verletzt fühlte, nicht gewürdigt, und welche negativen Gefühle noch da sind. Mit jedem Wort spüren Sie, wie es auch Ihr Gegenüber mehr und mehr befreit, dass nun alles gesagt und verziehen wird.

Bleiben Sie noch eine Weile so sitzen. Schauen Sie sich in die Augen. Dort, wo einst der Groll saß, spüren Sie nun deutlich Verständnis und Achtung. Es ist ein tiefes Gefühl von Frieden, das in Ihrem Inneren entsteht. Irgendwann nehmen Sie den Impuls wahr, dass Sie gehen können und dass es für Sie leicht sein wird, sich zu verabschieden.

Reichen Sie sich die Hände – und wenn Sie möchten, umarmen sie sich. Ist es genug, werden Sie oder Ihr Gegenüber aufstehen, um zu gehen. Wir wissen nie, was kommt, und wir wissen nie, was wirklich geschieht.

Vor einigen Jahren habe ich mir dazu einen kleinen »Trost« geschrieben. Er hilft, meiner Seele anzunehmen, dass letztlich nichts verloren geht, alles bleibt und wir uns vielleicht wiedersehen:

> *Es geht nichts verloren.*
> *Kein Kuss, kein Lächeln der Augen.*
> *Keine Wärme, die einst floss.*
> *Alles bleibt geborgen und heil im Garten der Liebe.*
> *Egal, was mit uns geschah.*
> *Egal, was wir geschehen ließen.*
> *Egal, mit welchen Worten wir einander verletzten.*
> *Das, was einmal war,*
> *die Nähe, das Gute, das Schöne,*
> *bleibt heil.*
> *In diesem Garten der Liebe,*
> *den wir wieder betreten werden.*
> *Später, wenn wir nicht mehr sind.*
> *Es geht nichts verloren.*
> *Nichts von alledem, was war –*
> *und nichts von dem, was hätte sein können.*

Vielleicht hilft Ihnen dies, einen Abschied besser anzunehmen, denn oft ist eine Trennung schmerzhaft. Aber spirituell betrachtet gibt es Abschiede nicht, weil wir weiter verbunden sind. Wenn Sie das nicht möchten, stellen Sie sich die Fäden vor, die Sie mit einem anderen Menschen verbinden, verneigen Sie sich vor der gemeinsamen Geschichte und lösen Sie sich dann, indem Sie Ihre Fäden zu sich zurückziehen. Falls Sie die Situation gerne spirituell auflösen möchten, empfehle ich Ihnen zu vergeben und zu danken, das versöhnt innerlich und ermächtigt Sie, wieder den Bezug zu sich selbst zu finden. Wir alle machen Fehler, wir alle tun Gutes, und jeder und jede von uns gibt ihr Bestes. Manchmal ist das nicht optimal passend, für andere nicht genug, aber wir müssen lernen, uns nachzusehen, dass es in den gefragten Momenten und Situationen eben nicht besser ging.

Beim Verlassen der Trennungssituation nehmen Sie Ihre Schritte bewusst wahr. Fühlen Sie, wie Sie ganz bei sich sind. Gerade und aufrecht gehen. In *Ihrem* Leben. Betrachten Sie die Wiesen, den Himmel, die Bäume und Blumen. Hören Sie die Vögel zwitschern und die Bienen summen. Vielleicht gibt es auch ein kleines Bächlein, das Ihnen ein Zeichen für die Munterkeit des Lebens ist. Nehmen Sie all diese Eindrücke bewusst wahr und sehen Sie in ihnen Geschenke, die Ihnen von der Vielfalt und Freude des Lebens erzählen. Sie haben gerade einen wunderschönen Abschied zelebriert – und er hinterlässt in Ihnen das wunderbare Gefühl der Dankbarkeit und gibt Ihnen Kraft für einen Neubeginn.

Öffnen Sie nun sanft die Augen und kommen Sie in Ihrem eigenen Tempo zurück in die Gegenwart und in den Raum, in dem Sie sich gerade befinden.

Wie geht es Ihnen? Wollen Sie die Bilder ein wenig nachwirken lassen? Nehmen Sie sich Zeit. Es ist sehr emotional, wenn man sich einem Menschen anvertraut, und sehr emotional, wenn sich diese Verbindung wieder trennt. Ich selbst habe das einige Male durchgemacht. Und wissen Sie, was dann besonders hilfreich war? Ein bisschen Liebe. Und zwar von mir!

Ich bin im Einklang.
Ich bin im Einklang, mit dem was ich tue, empfinde, lebe.

Es ist mein Menschenrecht zu lieben und geliebt zu werden.
Ich bin im Einklang mit mir selbst.

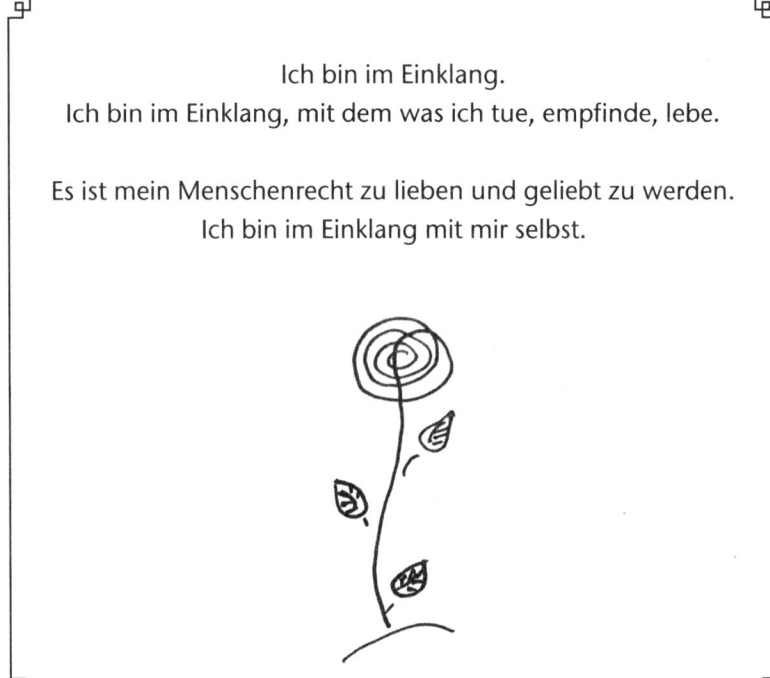

11

Lieben Sie sich noch ein bisschen mehr, wenn Sie sich abgelehnt fühlen

Ich habe mich mit vielen Themen und Aspekten rund um Frausein, Ich selbst sein, Selbstrespekt, Selbstfürsorge, Stolz, Würde oder Respekt im Laufe meines Lebens beschäftigt. Aber was den Aufbau von Selbstliebe angeht, da kenne ich mich richtig gut aus. Selbstliebe bekommen wir nicht unbedingt beigebracht, viele von uns müssen es lernen, sich selbst zu achten, zu lieben, zu respektieren. An sich selbst zu denken, empfinden viele Menschen in unserer Gesellschaft noch immer ein bisschen anrüchig. Es wird schnell mit dem Etikett *egoistisch* oder *eitel* versehen. Oder *selbstverliebt*. O ja, ich wünschte, wir wären alle ein wenig *selbstverliebt*. Die Welt wäre ein viel besserer und respektvollerer Ort, die Menschen würden sich nicht mehr so ungnädig begegnen und nicht mehr so hart mit sich umgehen. Sie würden sich und ihre Grenzen eher respektieren. Wer mit sich selbst gut umgeht, der kann das auch mit anderen. Selbstrespekt braucht Selbstliebe, sonst gedeiht er nicht.

Dazu einige Fragen, mit denen sich auch Anne beschäftigt hat:

- Wenn Sie nicht an sich glauben, wer dann?
- Wenn Sie sich nicht die Zeit nehmen, um sich zu verstehen, wer sollte es dann tun?
- Wenn Anne sich nicht all das geben kann, was sie stärkt, wer wird es ihr geben?

»Wenn ich zurückblicke, dann erlebe ich mich oft als einen Menschen, der sich klein und unwichtig fühlt«, erzählt Anne in einer weiteren Sitzung. »Alle um mich herum sind mit großen Sachen beschäftigt. Sie machen Musik, schreiben Bücher, führen große Unternehmen, sagen schlaue Sachen – und ich bin nichts anderes, als dass ich *bin*. Verstehen Sie mich?«

»Es ist mehr als genug, die zu sein, die man ist. Wissen Sie, wie viele Menschen sich danach sehnen?« Ich gebe Anne deutlich zu verstehen, dass sie nicht hinten, sondern ganz weit vorne liegt.

»Herauszufinden, was es braucht, damit andere mich mögen, damit war ich vertraut«, denkt sie laut nach. »Herausfinden, was es braucht, damit ich mich mag, das war komplett ungewohnt. Ich habe mich nie damit beschäftigt, sondern immer weiter damit, bei anderen anzukommen.« Sie schaut mich an. »Es hat meine ganze Kraft dafür gebraucht. Es war ein Fulltime-Job.«

Das glaube ich sofort, und die Tatsache, dass es ziemlich sicher immer weiter jemanden geben kann (und wird), der von Anne nicht überzeugt ist, den sie nicht für sich gewinnen kann, der anderer Meinung ist, sie schräg findet, unmöglich oder komisch, das macht das Ganze zu einer Hamsterrad-Rennerei.

»Es ist nicht zu schaffen«, schüttelt Anne mit dem Kopf.

»Es ist nicht zu schaffen«, gebe ich zu. »Und deswegen ist es so gut, wenn Sie sich selbst mögen, akzeptieren, respektieren, fordern, fördern und lieben. All das, was es braucht, um einen Menschen auf seinem Weg zu begleiten. Es ist das Beste, was Sie sich geben können, Treue inklusive.«

Ich passe dir nicht. Und weiter?

Es braucht Zeit und auch Erfahrung, um das gelassen auszusprechen. Wir müssen nicht passen, und es ist nicht erforderlich, sich passend zu machen, es sei denn, es wäre unser dringendstes Anliegen.

»Früher«, klinkt Anne sich in meine Gedanken ein, »hatte ich manchmal richtig Furcht vor neuen Menschen. Die, die ich kannte, waren mir vertraut, und ich konnte sie einschätzen. Aber bei neuen Menschen war ich unsicher. Ich hatte Angst vor Ablehnung. Fürchtete mich vor schlechten Bewertungen. Tratsch. Augenrollen, Getuschel hinter meinem Rücken. Es gab nichts, das ich an mir interessant fand, sodass auch andere Menschen es interessant finden konnten.«

»Aber auch bei Ihnen ist Gold zu finden, denn Sie haben sich nicht nur angepasst und sind nicht nur hinter dem Rücken und im Leben anderer verschwunden, sondern Sie haben zudem etwas dazugewonnen. Eine Art von Expertise.«

Geben Sie sich eine Bedeutung

»Verleihen Sie einer Situation einen neuen Rahmen, eine neue Perspektive. Da ist viel, was Sie neu entdecken können. Man nennt dies Reframing – und dieses Denken ist viel heilsamer, als an der einen Sicht kleben zu bleiben. Und: »Reinstes Gold ist so zu finden!«

Alles einen neuen Rahmen geben

Indem Sie eine ungute Situation, eine unangemessene Rückmeldung in einen neuen Kontext stellen, nehmen Sie der Situation die Macht, denn Sie gestalten mittels eines Reframings eine neue Bewertung. Einem alten Bild wird ein neuer Rahmen gegeben, und dadurch entsteht ein neues Bild. Aus zurückhaltend kann überlegt werden. Vorsprechend verwandelt sich möglicherweise in engagiert. Und Ausgrenzung könnte in einem anderen Kontext stehen, nämlich in dem von vor die Wahl gestellt werden.

Da ist viel schöne Musik drin, wenn man reframed. Vor allen Dingen hat es nichts, aber auch gar nichts mit schönreden zu tun, sondern es ist der Blick aus einem anderen Fenster in den Hof der Persönlichkeit.

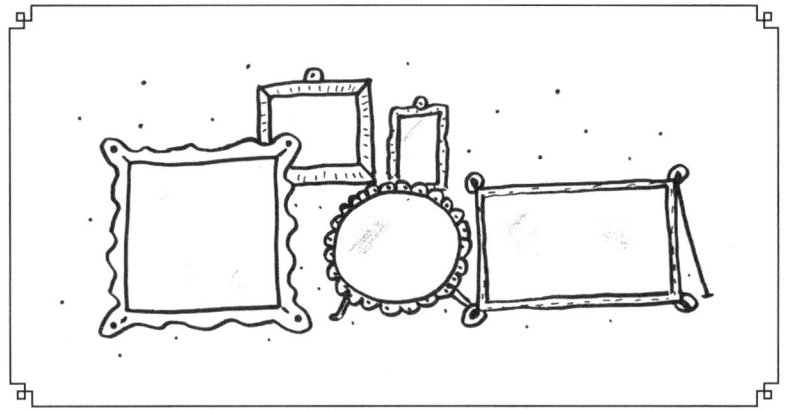

Anne nimmt sich den Block vom Tisch, den ich dort liegen habe, falls Worte mal nicht reichen. Sie zeichnet darauf einen kleinen Rahmen.

»Also gut, ich versuche das mal.« Sie beißt sich nachdenklich auf die Lippe. »Gar nicht so einfach. Also, ich finde, dass ich manchmal zu zurückhaltend bin. Allerdings: Da ich mich zurückhalte, kann ich Menschen gut beobachten. Ich weiß viel über sie.«

»Nicht vergessen, dass die anderen auch Sie beobachten und meinen, viel zu wissen.«

»Aber ich entscheide, was ich denke und von mir halte.«

Bravo!

»So ist es.«

»Was ist aber, wenn ich wissen will, was jemand über mich denkt?«

»›Was denkst du über mich?‹, ist keine gute Frage, denn die Antwort ist uninteressant.«

Was jemand über uns denkt, kommt aus dem verquasten Gehäuse, das Menschen auf dem Hals tragen. Da ist alles drin. Die eigene Vergangenheit, die eigene Wilma, der eigene Fred, Mama, Papa, Glaubenssätze, Wünsche, Hoffnungen, Pleiten, Pannen, Erfolge, Sehnsüchte – *das* denkt und *das* denkt auch über Sie. Weg damit. Das braucht kein Mensch.

»Sondern?« Anne legt den Kopf schief.

»Wie wäre es mit: ›Wie nimmst du mich wahr?‹ Sie können dann besprechen, wie jemand zu seiner Wahrnehmung kommt und was Sie dazu beitragen. Das ist interessant, denn man kriegt von sich selbst ja vieles nicht mit. Aber Sie sitzen am Steuer.«

> ### Best-of-Botschaften
>
> Selbstliebe bedeutet, dass Sie nur sehr ausgewählte Rückmeldungen ernst nehmen und konzentriert dafür sorgen, so viele gute Erfahrungen wie möglich zu machen, damit sich unser Selbstbewusstsein stetig entwickelt.

Und dennoch kann es passieren, dass Sie durch Kritik verunsichert werden, Ablehnung erleben oder verspüren. Selbst wenn Sie von neunundneunzig Menschen geliebt werden, bleibt ein Mensch übrig, der den Kopf schüttelt.

»Wenn ich so darüber nachdenke, dann habe ich mich oft an einem Menschen abgerackert. Ohne zu überlegen, ob die Person das wert war. Verrückt. Warum macht man so etwas?«

»Weil die wenigsten beigebracht bekommen, wie man sich selbst eine gute Schwester und Freundin wird. Sie bekommen gutes Benehmen gegenüber anderen gelehrt, aber nicht gutes Benehmen gegenüber sich selbst. Sie sollen alles dafür tun, damit Mutti und Vati sie lieb haben, werden aber nicht dorthin geführt, sich selbst Liebe zu schenken. Lob und Respekt kommen von außen, heißt es. Dass Lob und Respekt, die von innen kommen, viel wertvoller und wirksamer sind, wird verschwiegen.«

> ### Wurden Sie als Kind respektiert?
>
> Können Sie sich daran erinnern? Und wenn ja, besteht da eine Verbindung zu dem Gefühl der Selbstachtung, die Sie heute für sich empfinden?

Kinder, die geliebt und respektiert wurden, haben es leichter. Wenn Sie in einem Elternhaus aufwuchsen, das Ihnen die Liebe und den Respekt Ihrer Eltern garantierte, werden Sie das hier vermutlich gar nicht lesen, denn dann haben Sie so viel Urvertrauen, dass Sie dieses Thema nicht beschäftigt. Für alle diejenigen, die sich hier mit Anne und mir treffen, ist das ein Sehnsuchtsbild. Wir, die wir mit Konkurrenz, Abweisung, Bedingungen leben mussten oder einen oder zwei Elternteile hatten, die einfach nicht in der Lage waren, uns dieses Urvertrauen zu verschaffen, wir armen Würmchen müssen uns noch ein wenig weiter mit uns abrackern. Aber: Das hat auch sein Gutes.

»Nonsens!«, wehrt sich Anne. »Nix Gutes ist darin zu finden!«

»Und ob!«

Denn das Sehnen nach Anerkennung führt dazu, dass wir uns selbst verstehen und kennenlernen. Das ist ein großer Gewinn, den andere Menschen, die diese Seite der Sehnsucht nicht kennen, oftmals gar nicht haben. Weil sich niemand um einen kümmert, muss man es selbst tun. Das ist einerseits traurig, und anderseits muss man niemanden suchen, wenn man sich aufbauen will und Unterstützung braucht. Menschen, die in ihrer Kindheit auf sich gestellt waren, haben eine sehr gute Kenntnis über sich selbst. Das ist eine hervorragende Basis, um Respekt, Stolz und Selbstliebe darauf aufzubauen. Natürlich braucht es dafür etwas Zeit und Selbstzuwendung. Aber auch das haben die emotionalen Einzelkinder gelernt. Sich um sich selbst zu kümmern, bringt etwas. Sie und Anne und ich: Wir sind dabei!

Das Bedürfnis nach Anerkennung ist ein Grundbedürfnis, wie wir von Wilma wissen. Das Gehirn schüttet entsprechende Botenstoffe aus. Stolz ist ein Gefühl, das kribbelt, pulsiert, durch den Körper jagt, und es entsteht das Bedürfnis nach MEHR, MEHR, MEHR. Das jagt selbst noch die ältesten Musikerinnen und Schauspieler auf die Bühnen dieser Welt. »Lass mich noch mal so grandios fühlen, so geliebt, so richtig, so gewollt.« Kein Wunder, dass auch wir das wollen. Anerkennung und Komplimente schenken einem einfach ein supertolles Gefühl! Für den Moment.

Lieben Sie sich?

Jede Kommunikationsregel, alles Wissen um Wilma und unsere individuelle Vergangenheit tritt in den Schatten, wenn es um das Thema Selbstliebe geht. Selbstliebe ist der Motor aller Veränderung, und gleichzeitig ist sie unsere größte Herausforderung. Jeden Morgen sollten wir voller Erstaunen und Ehrfurcht in den Spiegel schauen. Sie sind da! Sie, Anne und ich sind wunderbare Schöpfungen der Natur! Wir sollten uns mit Respekt behandeln und gegenseitig darin unterstützen, denn wir sind kostbar!

Lieben Sie sich!

Lieben Sie sich immer wieder. Lieben Sie sich immer wieder neu. Das ist kein Lippenbekenntnis, sondern es gilt, tausend und noch einen Grund zu finden, warum Sie sich wunderbar finden. Auf geht's, fangen wir mit der Zwölf an. Zwölf ist immer eine gute Zahl.

Wunderbare Eigenschaft finden

Wenn Sie sich, was dieses Wissen angeht, länger selbst übersehen haben, im Selbstlob etwas *rosty* sind, helfen Sie Ihrer Erinnerung ein wenig auf die Sprünge. Malen Sie dafür auf ein großes Blatt Papier die Buchstaben des Alphabets durcheinander auf. Dann schließen Sie die Augen und deuten mit dem Finger blind auf einen Buchstaben. Nun: Augen auf und zu dem Buchstaben eine wunderbare Eigenschaft von sich finden.

A – aufmerksam, angenehm, aktiv etc.
D – deutlich, dankbar
M – mutig, Macherin
Etc.

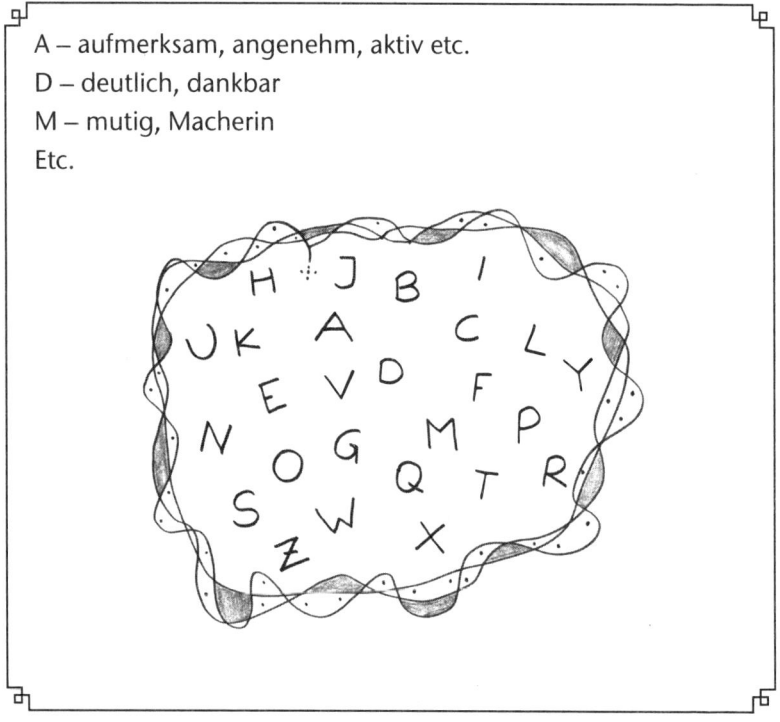

Sie haben es verstanden? Geht es nur sehr stockend bei Ihnen, ist dies ein Zeichen dafür, dass Sie die Übung öfter machen, den Sebstwertmuskel trainieren sollten. Im Schlaf möchte ich Sie wecken dürfen, und Sie zählen mir zwanzig Eigenschaften auf, die Sie an sich mögen. Das zu wissen, ist wichtig, wenn es uns nicht gut geht. Benötigen Sie noch Inspiration, lesen Sie die positiven Eigenschaften von Sternzeichen oder Psychotests einfach querbeet. Stellen Sie fest, wie oft Sie rufen: »Das bin ich auch!«

Sie brauchen sich gerade jetzt, wo Sie sich mehr achten und mehr auf sich achten wollen. Sie brauchen Ihren eignen Halt, Ihren Stolz, Ihre Freude über sich selbst. Daran werden Sie wachsen und sich festhalten können, sollte es mal wieder schiefe Blicke regnen. Sie haben viele liebenswerte und wichtige Eigenschaften, Sie sind und Sie waren schon immer fucking kostbar, erinnern Sie sich so oft es geht daran.

Get your glow back!

Wenn es um Sie herum kracht und Feuer speit, dann ist es nicht gut, zurückzutreten, um wieder in die alte Harmonie zu gehen, nur damit womöglich Vollpfosten sich besser fühlen: Damit würden Sie Ihr neues Image sträflich im Stich lassen. Doch das tun Sie nicht, denn Sie haben dieses Buch nicht umsonst bis zu dieser Stelle gelesen! Lieben Sie sich und sagen Sie sich immer wieder, dass Sie ein Wunder sind, auf dem Weg sind und sich jeden Tag selbstsicherer und stolzer fühlen. Wenn andere kneifzangig ein Zitronenlächeln schicken, schenken Sie sich Blumen. Oder reflektieren Sie, was wirklich geschah. Oft sind Menschen, die sich über Sie stellen wollen, die besserwisserisch sind und Rückmeldungen nicht annehmen können, mit einem sehr schwachen Selbstwertgefühl ausgestattet.

»Also soll ich das ignorieren und mir Herzchen auf den Spiegel malen?«, wirft Anne ungläubig ein.

Nix wird ignoriert, alles wird verwertet. Sie wissen schon: Wir schürfen Gold!

Frieden schaffen, ohne Waffeln.
Es ist nicht immer die Klügere, die nachgibt

»Fühlen Sie hin. Stehen Sie aufrecht. Reflektieren Sie die Situation, das, was von Ihnen und dem Gegenüber gesagt wurde, und dann kommen Sie zu einem Schluss, einem Resultat. Sie müssen nicht klein beigeben. Sich nicht ducken. Nicht zustimmen. Nichts annehmen. Aber: Ziehen Sie das Beste raus – für sich. Keine Rückmeldung kann so blöd sein, dass sie nicht für irgendetwas zu gebrauchen wäre. Sie wachsen in jeder Umgebung.«

Das gefällt Anne, ich kann es sehen.

»Und die Waffeln?«

»Menschen können auch einen Konflikt beenden, ohne dass sie sich danach in die Arme fallen und Waffeln essen. Stellen Sie sich in den Mittelpunkt.«

»Ist das denn nicht sehr selbstverliebt, um nicht zu sagen *narzisstisch*?«

»Ja und? Manchmal darf man doch auch egozentrisch sein und sich selbst in den Mittelpunkt stellen. Oft genug haben wir die anderen im Fokus, wieso nicht mal uns selbst – von uns selbst positioniert?«

Flirten in eigener Sache

Gönnen wir uns regelmäßig ein Stündchen Flirt und Lobhudelei in eigener Sache! Liebe macht schön, Liebe schenkt schöne Gefühle. In den Momenten, in denen Sie Liebe für sich empfinden, erleben Sie Wohlwollen, Glanz und Freude. Aus diesem satten Gefühl heraus können wir uns entfalten und Kritik besser verarbeiten.

1. Zwinkern Sie sich zu!
2. Schenken Sie sich mindestens einmal pro Tag ein Kompliment.
3. Widmen Sie sich Aufmerksamkeit und Zeit.
4. Machen Sie Pläne, in denen Sie im Mittelpunkt stehen.
5. Umarmen Sie sich selbst.
6. Schreiben Sie sich einen Liebesbrief.
7. Werfen Sie vorbeifahrenden Bussen und Schiffen Kusshände zu!

Es gibt vieles, was innere Verliebtheit auslösen kann. Besonders wirkungsvoll erscheint es mir, wenn man die Verliebtheit mit einer Prise Albernheit verfeinert. Je mehr Sie über sich selbst lachen, desto eher landet die innere Glücksrad-Nadel auf dem Feld »Mag mich! Alles im grünen Bereich!«

In intensiven Liebesmomenten wird Ihnen bewusst werden, dass Sie mit sich, diesem wunderbaren Menschen, Ihr ganzes Leben verbringen werden. Sie dürfen sich Ihrer sicher sein, und das ist Grund genug, sich auf diese Liebe einzulassen.

Ich las an der Tür einer Schulklasse:

Die Welt ist voller Wunder.
In dieser Klasse sitzen 28.

Ein ähnliches Plakat könnte in meinem Beratungszimmer hängen: Die Welt da draußen ist voller Wunder, hier drinnen sitzen zwei.

Das mir bewusst zu machen, rührt mich, denn der Satz zeigt uns auf, dass wir alle Wunder sind.

»Ja. Ich bin ein Wunder«, sagt Anne, aber ihre Stimme klingt nicht wirklich überzeugt. »Ein Weltwunder. Ein Teil von mir liegt immer im Schatten.«

Vorwärts, rückwärts, seitwärts, stopp.

»Die schönsten Wunder sind nicht perfekt, sondern lebendig.« Mit wunderbaren Stärken, wunderbaren Schwächen, erstaunlichen Talenten, beeindruckendem Können, überraschenden Marotten, Liebenswürdigkeiten und einem kleinen Faschingsverein von verschiedenen Persönlichkeitsanteilen, der in uns ausgelassen tanzt.

Wechselhaft. Das Leben ist zu kurz, um immer nur die eine zu sein. Sie sind vielfältig, und dank dieser Vielfalt haben Sie viele Möglichkeiten und ein gigantisches Repertoire. Das sind die Facetten, die Aspekte, der Verhaltenskleiderschrank.

»Was mache ich aber, wenn ich dennoch verunsichert bin? Dann denke ich nicht nur, die anderen mögen mich nicht, sondern ich kann mich selbst nicht leiden. Von Liebe keine Spur!«

»Indem Sie erneut und wieder und erneut und wieder sich Liebe schenken. Es tut mir leid: Ich wiederhole mich. Sie lassen mir keine andere Wahl. Orientieren Sie sich nicht zurück, sondern nach vorne.«

Wechseln Sie den Kurs! Das ist Ihre Chance. Unterbrechen Sie die alten Routinen mit einem Stopp! Sagen Sie der inneren Stimme, dass harte Worte weder wahr sind noch hilfreich. Dass Sie zwar gerne darüber nachdenken – aber nicht jetzt. Denn jetzt benötigen Sie Unterstützung und Streicheleinheiten.

Sie tun damit nicht nur sich selbst etwas Gutes – nein, Sie werden ein Vorbild sein. Es gibt nichts Anziehenderes als Menschen, die nicht nur aussehen wie sie selbst, sondern die es tatsächlich sind. Schließlich möchten auch andere Menschen sich selbst lieben. Mit Ihrer

Selbstliebe zeigen Sie Möglichkeiten auf, wohlwollender mit den eigenen Schwächen umzugehen.

Damit schließen wir langsam und sehr behutsam die innere Lücke, das Sehnen, das viele von uns seit der Kindheit kennen: *Bitte hab mich lieb, damit ich mich selbst lieb haben kann.* Je mehr Sie erkennen, nach welcher Art von Anerkennung oder Liebe Sie süchtig sind und welches Gefühl oder Bedürfnis sich dahinter verbirgt, desto mehr können Sie sich das selbst geben. Sie werden dadurch unabhängig. Menschen und Erwartungen verlieren ihre Macht. Wilma schrumpft. Wir beenden den unguten Kreislauf, dass wir uns nur dann wirklich annehmen und lieben können, wenn es andere machen. Wir werden so zu Selbstversorgern mit einem eigenen Garten der Liebe, denn *Fishing for Compliments* ist die kleine Schwester von: *Sag mir, was ich wert bin!*

»Ich kann Ihnen folgen«, bestätigt Anne.

»Es ist vorbei. Sie müssen nicht mehr die Aufmerksamkeit dorthin richten, wo sich eine Chance bieten könnte, Anerkennung oder Liebe zu ergattern. Sie tragen alles in sich.«

Deswegen dürfen wir alle dennoch Komplimente und Zuspruch annehmen. Es tut gut, freundlich behandelt zu werden. Gepaart mit Selbstfürsorge wird es zu einem doppelten Paket.

»Spielen wir ein bisschen mit dem Alphabet. Was fällt Ihnen zu dem Buchstaben B ein?«

»Berührt«, sagt Anne sofort. »Ich kann mich berühren lassen von Menschen, Tieren, Filmen, einem schönen Gedicht, der Natur. Ich bin berührbar. Das mag ich sehr an mir. Ich bin herzlich, im wahrsten Sinne des Wortes.« Ist es nicht schön, dass Anne so viel fühlt und auch Worte für sich findet? Das ist Liebe. »Ja. Je mehr ich darüber nachdenke, desto mehr bin ich davon überzeugt.«

»Wenn Sie jetzt mit sich selbst in dem Film *Dirty Dancing* auftreten würden, wie wäre der Satz …?«

»Mein Mädchen gehört zu mir!«

Sie sind das Beste und die Beste, die Sie haben! Ihre Meinung zählt bei Ihnen. In Ihrem Leben gilt Ihr Wort. Es kann Ihnen mit sich selbst nicht viel passieren. Entscheiden Sie liebevoll: Was soll bleiben? Und was darf in Zukunft anders werden? Spüren Sie: Ab jetzt kommt ein neuer Weg!

- Selbstliebe ist, wenn Sie bei sich sind, obwohl Sie gerade etwas komplett vermasselt haben.
- Selbstliebe ist der Arm, den Sie sich selbst um Ihre zitternden Schultern legen.
- Selbstliebe ist Zuversicht, die Sie sich zuhauchen.
- Selbstliebe ist ein liebevoller Satz, der Ihrem Herzen hilft, gleichmäßig zu schlagen.

Jeder von uns braucht dann und wann Unterstützung und einen Kuss auf die Stirn, der uns ermutigt. Geben Sie sich diese Liebe selbst
   Es ist wohltuend, wenn wir uns so oft wie möglich eine liebevolle, aufbauende, unterstützende und stolze Rückmeldung geben. Zeigen Sie sich selbst, dass Sie sich kostbar sind. Es gibt keine Bessere in Ihrem Leben, als Sie es für sich sind. Erfreuen Sie sich an Ihrem Sein und Da-sein auf dieser Welt. Sie sind ein Geschenk. Für sich und für andere.

Tut's gut?
Na, dann könnte man doch glatt ein wenig lächeln!

12

Halten Sie sich nicht zurück

Zumindest nicht dann, wenn es darum geht, sich ganz zu zeigen. Mit all Ihrem Können, Ihren Talenten, Ihrem Wesen. Das ist das wesentliche Resultat von Selbstliebe, Selbstachtung, Selbstrespekt. All die Schritte bis hierhin werden zu Ihrem stabilen Fundament. Und dann: Trara! Dann sind Sie endlich ganz da. Sie selbst ahnten oder wussten ja längst, was alles in Ihnen steckt und dass Sie sich vor nichts fürchten müssen, weil Sie ja nicht allein sind, denn Sie haben sich. Aber jetzt geht es darum, diesen wunderbaren Rennwagen auf die Piste und ins Rennen zu bringen.

Zum gelebten Selbstrespekt gehört nicht nur, dass man seine Grenzen kennt und im Notfall gegen andere verteidigt, Selbstrespekt bedeutet zudem, dass man die inneren Grenzen erweitert. Das gilt für den Beruf und Beziehungen aller Art. Eine Grenze ist nämlich von beiden Seiten betrachtet eine Sperre. Es ist auch für andere Menschen nicht schön, wenn Sie sich nicht komplett zeigen. Mit angezogener Handbremse zu fahren, dieser Gestank, dieses Geruckel, das bleibt doch nicht nur bei Ihnen. Wir bekommen uns alle immer mit. So wie Sie die anderen sehen, so werden auch Sie wahrgenommen. Sie müssen nichts darauf geben, aber auch nicht vertuschen. Und da die Welt starke, kluge Frauen braucht, die nach vorne gehen und ihre Sache vertreten, ist es mein unbedingtes Anliegen, Sie und andere dazu zu ermutigen.

Mal so und mal so sehen

Sich zurückhalten bringt niemandem etwas:
Sie leben nicht Ihr ganzes Sein und Können und Ihr
Gegenüber kann Sie nicht ganz erfahren.

Auch wenn es unerwartete Gegenschläge geben kann.

Anne erzählt mir gerade von der Arbeit und sieht gar nicht glücklich aus. »Es gibt da so ein Thema, das unser Unternehmen gerade verfolgt, ich hatte in diesem Zusammenhang eine gute Idee eingebracht, dann hatte ich noch eine. Also nahm ich meinen Mut zusammen und ging zu einer Verantwortlichen und brachte diese Idee ein. Sie verzog skeptisch den Mund. ›Stimmt damit etwas nicht?‹, fragte ich nach. ›Ach, ich finde, Sie sind gerade ein wenig zu pushy‹, antwortete sie mir.«

Halt! Das muss ich verstehen. Also frage ich: »Pushy?«

»Ja. Zu viel. Sie meinte: Bringen Sie erst einmal das eine zu Ende, und dann sehen wir weiter. Das eine hat einen Zeitrahmen von einem Jahr, mit Evaluation noch länger. So komme ich nie weiter. Ich glaube, es war ein Fehler, ich habe mich zu weit aus dem Fenster gelehnt.«

Wer sein Potenzial nicht erforscht, nicht erkennt und nicht auslebt und erweitert, der trampelt weiter auf der Stelle. Das bringt etwas Frust mit sich, aber auch: »Sicherheit!«, plärrt Wilma aus ihrer Ecke. Das, was Anne erlebt hat, bietet keine Sicherheit, und deswegen regt Wilma sich auf. Es ist aber nötig, sich aus dem Fenster zu lehnen, wie es so schön heißt, damit man ein wenig frischen Wind um die Nase bekommt. Anne, Sie und ich, wir müssen uns zeigen, weil nämlich nur ganz selten jemand auftaucht und uns zur Vorstellung abholt. Wir haben unsere Talente und Gaben nicht mitbekommen, damit sie in der guten Stube verstauben! Situationen wie die, von der Anne erzählte, sind wie ein Regenguss vor der Tür. Ohne Schirm. Nicht mehr und nicht weniger. Kramen wir das gute, alte ABC-Modell aus Kapitel 4 als

Erinnerungshilfe hervor: Nicht die Situation ist es, sondern unsere Bewertung und die Reaktion, die darauf erfolgt. Was ist also genau passiert?

»Ich habe einen Termin gemacht, meine neue Idee eingebracht und bekam eins auf den Deckel. Das Resultat war, dass ich mich erschrocken zurückgezogen habe. Wie eine Schildkröte.« Sie lacht ein wenig. »Ich habe mich geschämt, fühlte mich angeberisch, vorlaut und so, als hätte ich etwas übersehen. Anstand. Etikette.«

»Noch was?«

»Ich habe mich auch geschämt, weil ich das Gefühl hatte, etwas übersehen zu haben. So blöd vor Glück, weil ich etwas weiß, habe ich mich anvertraut und weder Strategie noch Menschenkenntnis im Blick gehabt. Und jetzt habe ich den Salat. Ich sag nichts mehr. Das bringt doch nichts. Man fällt nur auf, und die Leute reden über einen.« Sie äfft die Situation nach. »Schau mal, Anne, boah ist die aber pushy! Unangenehm!«

Häufig sind Menschen von negativen Rückmeldungen so irritiert und beeindruckt, dass es ihnen gar nicht in den Sinn kommt, die Situation zu überdenken. Verblüfft stehen sie da – und ihre Welt beginnt zu wanken. Es braucht Zeit, bis wir uns so sicher sind, dass wir über schnell hingeworfenen Kommentaren stehen können. Wer sich über viele Jahre nach anderen Menschen ausgerichtet hat, es immer richtig machen wollte, sich nach Freundlichkeit und Harmonie sehnte, dem wächst nicht von jetzt auf gleich ein dickes Fell. Es sind alte Wunden, die schmerzen. Wenn wir reflektieren, überdenken, unsere Gedanken und Gefühle ordnen, für uns und nicht gegen uns sprechen, heilen wir uns damit. Äußerungen zu Ihrer Person können interessant sein oder beleidigend. Es kommt immer darauf an, welches Wertesystem Sie als Maßstab anlegen.

Heilung ist nicht nur Kerzenschein und alles wird gut! Manchmal haben wir Glück, und etwas heilt von alleine. Die sichere Seite ist die aktivere. Was das angeht, kennen Sie sich selbst am besten und wissen, was Sie tröstet und Ihnen emotional auf die Sprünge hilft. Aus meiner Beratungserfahrung kann ich Ihnen aber sagen, dass Verzeihen und Transformieren – also Stroh zu Gold zu verwandeln – immer wieder als ungemein befriedigend beschrieben wird. Auch Anne hat sich schon geheilt. Erinnern Sie sich an die Geschichten mit ihrer Mutter, ihrem Bruder, Louis. Sie hat jetzt einen anderen Blick, auch wenn sich immer mal wieder alte Gedanken und Befürchtungen dazwischenschieben.

»Da haben Sie ja eine satte Bewertung zusammengetragen und auch gleich eine dazu passende Reaktion, nämlich: Rückzug. Gehen wir noch mal einen Schritt zurück«, sage ich. »Was könnte denn noch ein Anlass gewesen sein, dass Sie so zurückgewiesen wurden?«
»Hmmm. Neid? Eine Verärgerung, die schon da war? Konkurrenz? Furcht vor meinen guten Ideen? Bedenken, dass ich noch mehr will? Geld, Projekte, Chancen?«
Genau! All das ist möglich.
»So betrachtet, ist Rückzug die beste Idee? Zurück in die Stube und Fensterläden zu? Abwarten, bis man selbst oder die Situation *so weit* ist?«
»Das war früher meine Strategie.«
»Und? Hat sie was gebracht?«
»Nein.«
»Warum dann damit weitermachen?«

Oft erzählen auch andere Frauen von dieser Strategie *des langen Atems*. Sie haben einen Katalog von dem, was sie alles tun werden, wenn es *so weit* ist oder sie *so weit* sind. Wenn sie gekündigt haben. Sich getrennt. Umgezogen sind. Einen Abschluss haben. Das Führungsteam gewechselt hat. Das Sabbatical in Anspruch genommen wurde.
Diese Vorstellungen sind wie ein Fixstern, den man rührselig anhimmeln kann, dem man aber nicht folgt. Etwas hält einen davon ab. Das Etwas ist bei den einen Furcht vor der eigenen Größe und Kraft.

Sie kennen sicher die berühmten Worte von Nelson Mandela, die er bei seiner Antrittsrede als Präsident von Südafrika 1994 gesprochen hat:

Unsere tiefste Angst ist nicht,
dass wir unzulänglich sind.
Unsere tiefste Angst ist,
dass wir unermesslich machtvoll sind.
Es ist unser Licht, das wir fürchten,
nicht unsere Dunkelheit.
Wir fragen uns: »Wer bin ich eigentlich,
dass ich leuchtend, begnadet,
fantastisch sein darf?
Wer bist du denn, es nicht zu sein?
Du bist ein Kind Gottes.
Wenn du dich klein machst,
dient das der Welt nicht.

Es hat nichts mit Erleuchtung zu tun,
wenn du schrumpfst,
damit andere um dich herum
sich nicht verunsichert fühlen.
Wir wurden geboren, um die Herrlichkeit
Gottes zu verwirklichen, die in uns ist.
Sie ist nicht nur in einigen von uns,
sie ist in jedem Menschen.
Und wenn wir unser eigenes Licht
erstrahlen lassen,
geben wir unbewusst anderen
Menschen die Erlaubnis, dasselbe zu tun.
Wenn wir uns von unserer eigenen
Angst befreit haben,
wird unsere Gegenwart
ohne unser Zutun andere befreien.

Das Original dieser Rede soll ein Text der US-amerikanischen Autorin und Aktivistin Marianne Williamson sein. Die Quellen sind sich da uneinig. Wichtig ist, was die Worte beschreiben, nämlich die allgegenwärtige Frucht vor der eigenen Kraft. Zu wissen, was in uns steckt und nicht glauben zu können, dass wir so viel persönliche Pracht und Vielfalt haben. Diesen Zwiespalt kennen wohl beide. Marianne Williamson und Nelson Mandela. Und Sie kennen ihn und ich und Anne. Es macht stark, diese Gedanken immer mal wieder zu lesen. Regelmäßig. Die Wiederholung wirkt, nicht das Einmalige. Es hilft uns die sicherere Mitte zu verlassen. Oder die Mitte, der Mitte – das ist noch ein wenig sicherer – wie sie von den Japanern bevorzugt wird. Strecken Sie sich aus der Mitte heraus. Sie tragen alles in sich, was Sie für ein entfaltetes Leben brauchen. Zeigen Sie sich als Vorbild, nehmen Sie andere mit. Damit bringen Sie zum Leuchten, was bereits am Anfang des Buchs als Frage stand:

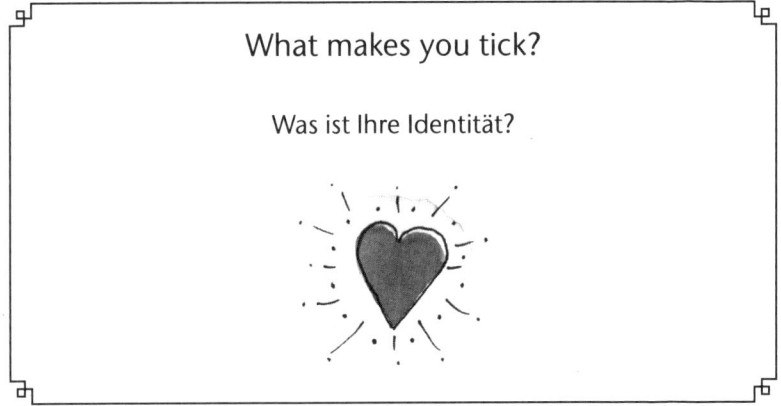

13

Der Weg in die Heilung: Sich selbst ein Ja sprechen

Annes Weg ist unserem ähnlich. Weg vom Sich-Andienen an andere, hin zu uns. Erkennen, dass wir kostbar sind, und den Mut aufbringen, diese Kostbarkeit zu hegen und zu pflegen. Den Glanz zu zeigen, zu polieren, denn wir wurden nicht geboren, um anderen Menschen Raum zu geben, sondern um unseren eigenen Raum zu nutzen. Was nicht bedeutet, dass wir nicht sozial, als Unterstützerin oder Mentorin, nicht andere Frauen dazu ermutigen können, ihre Sichtbarkeit zu finden. Doch wir können da nur wertvolle Arbeit leisten, wenn wir immer wieder aufs Neue um unsere eigene Richtung wissen. Seit vielen Jahren formulierte ich schon: »Nur wer den eigenen Weg kennt, kann andere begleiten.«

Wichtigstes Ziel unseres Lebens ist es jedoch, unsere Zeit auf Erden zu gestalten. Wir sollen eine Lebensgeschichte leben. Unsere Lebensgeschichte. So ist es gedacht. Eine Heldin im eigenen Leben werden. Erfüllt sein. Uns ausprobieren. Unseren Sehnsüchten folgen. Bei uns sein, in guten und in schlechten Tagen. Uns auch dann verstehen, wenn andere Menschen uns Grenzen setzen und öffentlich infrage stellen. Das ist Spurensuche und Weitblick. Es ist eine Reise, die für uns sehr unbefriedigend ausgeht, wenn wir ständig die Koffer von anderen tragen.

Es geht nicht um Hilfsbereitschaft. Auch das ist eine Lebensgeschichte. Es geht darum, ob Sie sich Ihren eigenen Weg, Ihre eigenen Bedürfnisse überhaupt erlauben. Wir können uns nicht leben, wenn wir permanent bei den anderen sind. Entferne dich niemals von dir selbst, um anderen nahe zu sein. Aus Sicherheitsgründen anderen Menschen gefallen zu wollen oder aus Gefallen den eigenen Weg mit dem Weg anderer zu verbinden, kann durchaus dazu führen, dass alle anderen Menschen uns toll finden, nur wir selbst kommen vermutlich irgendwann mit uns nicht mehr klar. Es ist wie eine Sollbruchstelle, die sich für den einen früher, für die andere später zeigt. Es reicht nicht, geliebt zu werden, wenn man sich selbst nicht liebt. Deswegen entscheiden sich viele Menschen an irgendeinem Punkt im Leben für sich selbst.

Wir alle haben ein inneres Glanzbild von uns. Deswegen fühlen wir uns so schlecht, wenn wir meinen, nicht zu genügen und zu versagen. »Für meine Mutter war ich immer ungenügend, das gab mir das Gefühl, nichts zu können und auf gewisse Weise wertlos zu sein. Heute sehe ich, dass jedes Versagen auch nur Stroh ist. Stroh, das ich zu Gold machen werde, denn es gibt immer eine gute Erfahrung, die es sich lohnt zu gewinnen«, kann Anne heute formulieren, so wie sie früher nur in Negativschleifen hängen blieb.

Schauen Sie auf das Leben mit Liebe – auf Ihres und auf das von anderen Menschen. Mit liebevollem Blick kann Anne auch damit umgehen, dass ihr Bruder jetzt noch Abstand braucht. Irgendwann wird sie ihm noch einmal schreiben oder auf anderem Weg Kontakt aufnehmen. Wenn wir uns selbst akzeptieren und respektieren, werden wir flexibel. Wir sind dann nicht mehr so in den Dingen und Abläufen verhaftet, wie wir sie spüren und sie sich uns zeigen. Menschen, die sich selbst respektieren, können anderen vergeben, weil sie sich selbst vergeben haben. Alles andere wird sich zeigen und entwickeln. »Am Ende wird alles gut. Und wenn es nicht gut wird, ist es noch nicht das Ende«, lautet ein sehr beliebtes Zitat, das von Oscar Wilde stammen soll. Das gibt uns Raum. In erster Linie für uns selbst, denn wenn etwas noch nicht gut ist, haben wir auch weiter die Chance, uns und unseren Gefühlen auf die Spur zu kommen.

Es ist eine Art von Wachstum, eine neue Sichtweise zu verinnerlichen. Dieses Wachstum bringt uns uns selbst näher. »Und das ist es«, meint Anne »was ich von Anfang an wollte und immer weiter will.« Authentisch sein und sich authentisch fühlen. »Ich möchte wachsen«, beschreibt sie weiter, »und nicht mehr danach schielen, was wohl die anderen dazu sagen und wie sie meine Ideen finden.«

Wir sind dafür vorgesehen, uns zu erfüllen. Das ist Natur, und das ist natürlich. Wie eine Henne ohne Gewissensbisse ihre Eier legt oder eine Nachtigall ohne schlechtes Gewissen so schön singt, wie sie nur irgend kann. Ich habe noch nie von einem Apfelbaum gehört, der sich unsicher auf seiner Streuobstwiese umschaut, in der Krone kratzt und sich fragt, was die anderen Bäume wohl von ihm denken, wenn er so schöne und so viele Äpfel trägt. Am Ende noch mehr als die anderen Bäume. Ob er jetzt prahlerisch und egoistisch ist. Es liegt, glaube ich, nicht in der Natur von Bäumen, sich zu fragen, ob man als selbstherrlich, narzisstisch, egozentrisch gilt, wenn man mehr Äpfel als die anderen Bäume trägt. Und auch das Eichhörnchen wird in seinem übermütigen Hüpfen nicht gebremst, weil es befürchtet, als Angeber bei den anderen zu gelten. Es gibt meines Wissens nach auch keine Büsche, die von sich aus im Schatten anwurzeln, nur damit ein anderer Busch mehr Licht und Raum zum Wachsen hat.

»Werden mich die anderen Planeten noch lieb haben, wenn ich so scheine?«, fragt sich sicher auch nicht die Sonne – und wir bewundern sie! Wir Menschen bleiben ebenso wenig vor Bäumen oder Naturausblicken stehen, die bescheiden sind. Machen wir ein Foto, muss es schon etwas sein, das sich in seiner ganzen Größe und mit gigantischer Wucht zeigt. Wir fotografieren die Niagarafälle, nicht irgendein Bächlein oder Flüsse, die man in einen Kanal gezwängt hat.

Auch wir Menschen sind Natur! Sie hat uns beschenkt mit Geist, Sinn, Schönheit und Verstand. Das spürt Anne jetzt ganz deutlich. Sie möchte sich strecken und recken und ihre Äste wachsen lassen. Nach oben, in die Breite, mit Wurzeln, die bis tief ins Erdreich Halt geben. Wir können herrlichste und für die Welt hilfreiche Dinge erschaffen. Die Museen sind voll von Künstlern und Künstlerinnen, die ihre

Kreativität und Schaffenskraft zeigen. Niemand hat zu Mozart gesagt: »Schreib ein bisschen weniger.« Niemand zu Picasso: »Muss es denn wirklich noch ein Bild sein?« Niemand hat gegenüber Bach geäußert: »Jetzt lass mal einem anderen den Vortritt, von dir gibt es schon genug Kantaten!« Ich bin dankbar dafür, dass Astrid Lindgren so viel geschrieben hat und die österreichische Künstlerin Maria Lassnig die wunderbarsten Porträts mit Farbe schuf. Ich bin dankbar dafür, dass es Sophie von La Roche gegeben hat – die erste Autorin, die für Frauen schrieb. Sie hat sich gewagt – nicht gleich, aber dann mehr und mehr, und viele Frauen gingen ihr nach.

Manchmal ist der Schatz unseres strahlenden Ich, unseres Selbst verschüttet und vergraben von all dem, was man uns eingetrichtert und gelehrt hat, von dem, was wir an Erfahrungen bereits sammeln konnten, was Menschen zu uns sagten und was als allgemeines Verständnis von Leben und Sein in einer Gesellschaft herrscht. Wir zucken zurück. Der Mut ist verschwunden. Die Angst vor Ablehnung und Liebesverlust wieder da. Wenn das passiert, dann können wir uns fragen:

- Ist das Gefühl alt oder neu?
- Kenne ich es aus der Vergangenheit?
- Ist es eine Interpretation? Eine Vorannahme?
- Könnte es auch Vorsicht sein?
- Oder Schutz?

Wenn wir alte Häute von uns abstreifen, fühlt sich das zuweilen ungeschützt und verletzlich an. Das sind aber nur ganz normale Wachstumsschmerzen, wie ich das nenne. Als kleines Mädchen sind wir alle da schon mal durchgegangen. Wenn wir wachsen, muss unser Körper sich strecken und dehnen. Zuweilen hinkt er hinter dem eigenen Wachstum hinterher – und das zwickt ein bisschen. Genauso ist es mit der Seele. Sie ist auf Wachstum und Schönheit angelegt, aber manchmal standen wir zu selten mit ihr in Kontakt, und wenn es dann losgeht, muss die Seele erst einmal begreifen, dass ihre Zeit gekommen ist. Sie wird wachsen, sich dehnen, es wird sich etwas erfüllen. Auch das kann ein bisschen zwicken, in Form von unerwarteten Ängsten, Befürchtungen und Unsicherheit. Hat sich die Seele an das neue Leben gewöhnt und weiß, dass Sie dazu stehen, wird sie sehr geschmeidig. Sie interessieren sich ab diesem Moment für das, was Sie selbst glücklich macht, und sind nicht damit beschäftigt, wie Sie andere Menschen glücklich machen könnten.

Be youtiful!

Sie, Anne und ich, wir wollen das! Wir wollen wachsen, Stolz und Freude ausleben, egal welche Erwartungen andere Menschen an uns hegen und welche Vorstellungen diese von unserem Leben haben. Wenn wir unbeschwert wachsen dürfen, fühlen wir uns heil. Sich heil zu fühlen, müssen Sie nicht erarbeiten, nicht erkaufen – und Sie müssen nicht warten, dass es jemand erlaubt. Es gibt Länder, da sind Frauen nicht so frei, vergessen wir das nicht.

Das Leben wurde jedem einzelnen Menschen auf dieser Welt geschenkt. Wir sind dazu aufgerufen, es zu achten, indem wir uns achten und Beziehungen auf Augenhöhe leben.

Eine Beziehung auf Augenhöhe zu leben, zeigt sich auch darin, dass man nicht einer Meinung sein muss, um deren Sicherheit zu bestätigen. Im Gegenteil. Unterschiede und unterschiedliche Sichtweisen werden als Bereicherung empfunden. Sich selbst zu verwirklichen, ist dann keine Bedrohung für andere. Niemand wird bewusst zurückgelassen. Alle dürfen mit. Jeder kann aber entscheiden, welche Schritte er oder sie wählt. Und es kann auch zu Brüchen kommen, wir gehen dann in unserer Welt nicht verloren.

Werden Sie klar und Sie sind beliebt!

Ist der Moment gekommen, braucht es auch keine Aufkleber mehr, denn wir haben das Gefühl von Autonomie und Selbstrespekt internalisiert. Es gehört zu uns wie unsere Lieblingsjogginghose. Und die alte, die uns bis dahin vorgab, super passend und gemütlich zu sein, kommt in den Altkleidersack. Die alte Hose, also ihr vergangenes Verhalten, ist Ihnen seit den Kindertagen bekannt und so was von vertraut. Mit allen Regeln, Vergünstigungen, den Schleifen, die man drehen konnte, den Ambivalenzen und den Tricks. Sie haben sich, genau wie Anne und viele andere, bislang sicher schlafwandlerisch zurechtgefunden. Erinnern Sie sich an den Verhaltenskleiderschrank. Meine Empfehlung: Halten Sie es wie mit Ihren neuen Schuhen, tragen Sie Ihr neues Auftreten erst einmal in geschützten oder privaten Räumen ein. Sie können Sie dann schnell wechseln, wenn sie anfangen zu drücken, so wie Sie schnell in das alte Verhalten schlüpfen können, wenn es Ihnen doch zu viel wird. Grundsätzlich: Es wird Ihr Leben bereichern.

> ### Einem anderen auf die Finger schauen
>
> Finden Sie sich ein Role Model, ein Vorbild, eine Mentorin oder einen Mentor. Gehen Sie einem Menschen nach, der Sie durch Klarheit und Selbstrespekt beeindruckt. Dem Sie auf die Finger schauen können, wie das geht, sich selbst bei all den Anfragen der Welt nicht zu vergessen. Es gibt diese Menschen. Es gibt viele davon, und die meisten sind sehr beliebt, denn wir wollen doch alle so leben: eins mit uns und nah bei den anderen.

Auch wenn Sie es jetzt vielleicht noch immer nicht ganz glauben, aber Menschen sind ganz vernarrt in Menschen, die klar ihre Entscheidungen finden und ihre Potenziale und damit ihr Leben leben.

Sie werden dem zustimmen, wenn Sie gedanklich durch die Reihen der Menschen gehen, die Sie selbst achten und bewundern.

Oft finden sich darunter welche, die nicht unbedingt einen geradlinigen Lebenslauf hatten. Das zu betrachten ist angesichts der Tatsache, dass die meisten eher unauffällig und genormt leben wollen, interessant. Menschen, die in sich kontrovers sind, mit Höhen und Tiefen, geben viel Anlass zum Gespräch. Wir können uns in diesen Gesprächen kennenlernen und gleichzeitig von den Erfahrungen profitieren, wie man *durchkommt*, als Nerd, Huckleberry Finn, Alice im Wunderland und Pippi Langstrumpf. Grenzen aufzeigen, ehrlich sein, authentisch, manchmal unangepasst, eigenwillig, das ist ein Lockstoff, der andere anzieht.

Ich kann Annes skeptischen Blick förmlich sehen. Aber es ist so, auch wenn es verrückt klingt. Aber viele versuchen genau durch das Gegenteil Beliebtheit zu erreichen. Sie passen sich an, zeigen sich nicht, werden irgendwie unsichtbar, verschwinden im Leben anderer, sind nicht einzuschätzen und gehen einem mit ihrer permanenten Zurücknahme und Hilfsbereitschaft kolossal auf die Nerven. Niemand ist stolz auf einen angepassten Freund oder eine Freundin. Eingeladen wird der Rebell, die Pippi Langstrumpf, Huckleberry Finn.

Stolzer Selbstrespekt gibt Menschen die Hoffnung, dass es keine aalglatte Persönlichkeit braucht, um in dieser Welt voranzukommen und in Gemeinschaft zu leben. Das ist die Sehnsucht der meisten. Sie möchten sich dazugehörig fühlen. Menschen, die Regeln brechen, weil etwas Neues nur dann entstehen kann, wenn man sich von alten Pfaden und altem Denken verabschiedet. Menschen, die sich selbst annehmen, lösen positive Reaktionen aus, weil sie »von innen heraus« leuchten. Sie besitzen Ausstrahlung. Es ist nicht das makellose Gesicht oder die Traumfigur, die diesen Effekt erzeugen, sondern seine oder ihre Lebensgeschichte, die Persönlichkeit, Natürlichkeit, sprich: die Authentizität. Ausstrahlung kommt von innen – es ist unsere Seele, die strahlt. Wir können andere mit unserer Ausstrahlung bezaubern, dem Ganzen liegt ein stabiles und gesundes Selbstwertgefühl zugrunde.

Charismatische Menschen sind von sich und ihrer Bedeutung überzeugt, ohne überheblich oder arrogant zu sein.

»Ich habe mir letzte Woche gesagt, was hast du zu verlieren, und habe Louis eine Bitte nicht nur abgeschlagen, sondern ihn im selben Atemzug mit einer Bitte von mir konfrontiert. Also, er sagte:»Schreibst du das Protokoll für mich?« Und ich antwortete:»Tut mir leid, nein, aber könntest du bitte die Ausdrucke für die Sitzung fertigstellen?« Und wissen Sie was …?«

»Nnnein?«

»Er hat's gemacht!« Anne ist total aufgeregt darüber. Sie hibbelt freudig in ihrem Sessel hin und her. »Er hat's gemacht!«, singt sie. Dann erzählt sie mir, dass sie diesen Auftritt vorher genau geplant habe. »Nicht minutiös, aber ich hatte mir gedacht: Zieh doch mal dieses kecke Seeräuber-Jenny-Kleid an und versuche es mit einem frechen Auftritt, wenn er wieder ankommt. Er hat's gemacht!« Sie klatscht in die Hände. »Und ich fand mich großartig, dass ich so mutig gewesen war. Dabei war es gar nicht schlimm gewesen. Es hat mich viel weniger Kraft gekostet als die frühere Rumdruckserei. Wir haben uns alle später darüber köstlich amüsiert. Auf Augenhöhe!«

»Weil Sie bei sich waren.«

»Und weil ich es super fand, was ich probierte.«

Es war das dicke Ja, das wir uns alle sprechen sollen. Das klappt nicht immer. Aber immer öfter. Und einmal damit angefangen, hören wir so schnell damit nicht mehr auf.

14

Angekommen!

Es ist eine bunte Ansichtskarte. Sie sieht aus, als wäre es ein Nachdruck aus den Sechzigern, es ist aber eine Ansicht, die nachkoloriert wurde. Die Farben sind sehr leuchtend. Türkis, Gelb, Rot und Grün. Darauf zu sehen ist ein Dampfer, der den Hafen verlässt, um Richtung See auszulaufen. Ich entdecke Reisende. Frauen mit kleinen Hüten auf dem Kopf, wie man sie in den Zwanzigerjahren trug. Taschentücher wehen lustig im Wind.

»Angekommen!«, hat Anne handschriftlich darübergeschrieben. Sie hat dafür einen glitzernden Goldstift gewählt. Der kurze Gruß, den sie mir sendet, ist in einer wunderschön geschwungenen Schrift.

»Ich habe verstanden«, lese ich, »dass man erst dann bei sich angekommen ist, wenn man weiß, dass das eine nie endende Reise ist. Mein Dampfer ist sicher, groß und luxuriös. Das Steuer ist fest in meiner Hand. Die Seekarte habe ich selbst gezeichnet. Die Sterne leuchten mir als Impulse. Danke!«

Natürlich rührt mich diese Karte. Wie sollte sie auch nicht! Beratung bedeutet immer auch, Verbindung zu schaffen. Anne ist angekommen, weil sie sich auf den Weg gemacht hat. Ich lächle, weil ich sehr glücklich bin, und ich freue mich, dass das Leben uns für eine Zeit zusammengebracht hat. Nun hat sie begonnen sich zu finden. Und ich? Mein Blick fällt auf meinen Kalender. Auf Annes Stammplatz steht der Namen einer jungen Frau. Wir haben bereits telefoniert. »Ich möchte nicht mehr so unsicher sein«, hat sie mir im Erstgespräch gesagt. »Es ist oft so, dass ich nicht weiß, ob ich passe. Wenn das so ist, möchte ich mich am liebsten wie eine Maus verkriechen. Ich schäme mich dann für nichts.«

Sind Sie auch ein bisschen neugierig, wer da kommt und wie es gelingen wird, aus der Maus eine Löwin zu machen? Nun, diesmal werde ich die Gespräche alleine führen. Tut mir leid.

Falls Sie angeregt sind, wie Anne loszugehen, um mehr für sich zu sorgen, mehr zu wachsen, dann gibt es dafür viele Optionen. Es gibt Bücher, Gruppen, Coaching oder Sie suchen sich eine therapeutische Begleitung. Eine erste Beratungsstunde, in der man sich kennenlernt, ist nicht nur dafür wichtig, ob das Thema passt und in diesem Beratungskontext bearbeitet werden kann, sondern auch, ob Sie zu diesem Berater oder dieser Beraterin – der oder die im Übrigen wie Sie eine Vergangenheit hat, Lebensherausforderungen und auf der Reise ist – Vertrauen aufbauen können. Beide Seiten sind da gefragt.

Ich habe mich früher sehr gegen Online-Beratungen gewehrt, denn ein Mensch, der mir gegenübersitzt, gibt mir viel mehr Möglichkeiten, ihn wahrzunehmen. Der Geruch, die Schwingung, wie sitzt jemand, wie sind die Füße aufgestellt. Für mich sind das Informationen, die ich aufmerksam registriere. In der Online-Beratung gehen sie verloren. Unsere derzeitige Situation erfordert aber, dass es auch online möglich sein muss, beratend zu begleiten. Egal ob es sich um Einzelsitzungen, Seminare oder kleine Workshops handelt. Es ist machbar, auch auf diese Weise Verbindung zu schaffen, und: Es ist besser als nichts. Es bleibt uns ja noch immer ein therapeutischer Spaziergang in der Natur. Ich habe Ihnen erzählt, dass man auch auf Parkbänken und im Wald seine Leinwand findet. Das ist alles sehr hilfreich.

Alles ist gut, was den Dampfer auf den Weg bringt. Nicht nur das Steuer gehört dazu und die Crew, auch das Käpt'ns Dinner, bunte Lämpchen, Mitreisende, Souvenirs, Ausflüge an Land und Abendstimmung. Es muss Freude bereiten, mit sich auf Reisen zu gehen, sonst macht man es nicht. Dazu zählt ebenso, immer mehr dafür zu tun, dass die Verbundenheit zu sich selbst wächst. Sich zu spüren, anzunehmen und, ja, sich auch zu sich zu bekennen. Mit allem, was so an einem dran ist – den guten Seiten und den Seiten, die es ebenfalls gut meinen, die sich aber ein wenig tollpatschig dabei anstellen. Einen Postkartenspruch, den ich Ihnen gerne mitgeben möchte und den Sie schon kennen, ist: »Mein Mädchen gehört zu mir!«

Das, was das eigene Leben ist, zu spüren und anzunehmen, ähnelt für mich dem Gedanken, den gesamten Raum auszufüllen, den man zur Verfügung hat. Also nicht nur bis zum Anfang der Lungen zu atmen, sondern bis in die Lungenspitzen – oder wie es meine wunderbare Atemtherapeutin Brigitta einst wiederholt zu mir sagte: »Christine, nun atme mal tief hinunter, bis in den kleinen Zeh. Füll alles mit deinem Atem aus.« Brigitta war eine sehr erfahrene Frau und konnte es unter ihren Händen spüren, ob ich wirklich bis zum kleinen Zeh atmete oder mir die Luft irgendwo auf dem Weg dorthin ausging. Auch Anne hatte diese Momente. Der Atem stockte, es kam zu unliebsamen Pausen und Wiederholungen, bis es wieder weiterging.

Sie sind das Beste und die Beste, die Sie haben. Ihre Meinung zählt, in Ihrem Leben gilt Ihr Wort. Ihr Weg und Ihre Befindlichkeit stehen flexibel im Mittelpunkt Ihres Lebens. Nicht immer werden Sie diesen Impulsen nachgehen, aber Sie werden sie wahrnehmen, zuordnen und erkennen.

Es kann Ihnen mit sich selbst nicht viel passieren. Das Schöne: Je mehr Sie sich selbst mögen und Ihr Wesen leben, desto mehr Menschen werden Ihre Nähe suchen, denn es gibt nichts Anziehenderes als jene, die nicht nur aussehen wie sie selbst, sondern die es tatsächlich sind. Ohne falsche Wimpern und ohne aufgesetztes Getue. Die den Spiegel nicht verwenden, um zu prüfen, ob noch alles Unechte sitzt, sondern um sich von Herzen zuzuzwinkern. Sobald sämtliche Erwartungen von Ihnen abfallen, wird sich dieses anziehende Lächeln auf Ihr Gesicht zaubern. Sie sind bereits mitten dabei. Es wird ab jetzt alles immer besser werden. Selbstvertrauen bedeutet Vertrauen in sich selbst oder das Selbst haben. Auf Kinderbildern können Sie es noch wahrnehmen. Das Vertrauen, das Sie ins Leben hatten. Jetzt holen Sie es sich zurück, aber nicht mehr, indem Sie sich von dem Zuspruch und Zunicken anderer Menschen ernähren, sondern ganz durch sich selbst.

Wir sollten uns alles zutrauen und auf uns vertrauen. Der Blick in den Spiegel kann Sie darin unterstützen. Der Blick, den Sie sich darin selbst zuwerfen und der Ihnen signalisiert, dass Sie sich freuen, genauso zu sein, wie Sie sind. Eine Frau auf dem Weg. Sie haben allen Grund, sich selbst zu respektieren und ernst zu nehmen. Ganz gleich, an welchem Punkt Sie gerade in Ihrem Leben stehen, Sie können das Bild von sich ständig durch weitere Facetten bereichern. Entscheiden Sie liebevoll: Was soll bleiben? Und was darf in Zukunft anders werden? Vielleicht spüren Sie sogar:

Ab jetzt kommt ein neuer Weg!

Oh … ich habe die Uhr ganz vergessen. Es ist Zeit. Die Ansichtskarte von Anne, die stecke ich mir an den Spiegel, damit ich sie immer wieder sehe. Zumindest die nächste Zeit. Dann werde ich sie zu den anderen Karten und Briefen in das schöne Kästchen legen. An kalten Winterabenden werden diese Grüße mich erwärmen. Ein bisschen Nostalgie ist schön. Nun geht es aber erst einmal im Leben weiter. Ich muss mich nun leider auch von Ihnen verabschieden. Es hat mich sehr gefreut! War schön mit Ihnen! Ich wünsche Ihnen eine gute Reise und freue mich über einen Gruß. ☺ Entschuldigung für die Knappheit … aber … ich muss zur Tür, es hat geklingelt.

Alles Gute und: Winke-Winke!

Anhang

Sich selbst beschenken

Sich selbst zu respektieren, bedeutet auch, die eigenen Wünsche ernst zu nehmen. Manchmal braucht das Glück aber einen kleinen Stupser. Deswegen möchte ich Ihnen zum Ausklang von Nora erzählen.

»Du hast doch mal von so einer inneren Wunschreise erzählt«, hakte einmal meine junge Klientin Nora zaghaft nach. »Wie man etwas lockt. Sich für etwas öffnet.« Ich wusste gleich, von was sie sprach. Es handelt sich dabei um eine kleine Wunschmeditation, die ich so gerne mit Menschen mache, die sich selbst nun besser kennen und sich deswegen auch neue Kontakte oder Bedingungen zutrauen. Einen Menschen zur Seite, einen Partner, eine Partnerin, aber auch eine besondere Aufgabe oder einen speziellen Job. Man kann diese kleine Meditation für sehr viele Lebenslagen verwenden. Weil Nora danach fragte, bleibe ich hier bei der Liebe, denn geachtet, anerkannt und geliebt werden – na – das wünschen wir uns doch alle. Bei Nora war weit und breit kein Mann in Sicht. Das heißt, Männer gab es viele, aber der Eine, war eben nicht dabei. Den wollte Nora endlich treffen. Nun wollte sie die Liebe ein wenig locken und Amor für sich bezirzen.

»Willst du dich auf die Wunschreise begeben?«, fragte ich sie also und Nora war sofort dabei.

»Also, als erstes schließt du deine Augen und atmest ein paar Mal angenehm durch – hoffentlich ist deine Klingel ausgeschaltet? Ist sie das?«

»Mmja«, brummte Nora schon von weit weg durch die Leitung.
»Liegst du bequem?"
»Mmja.«
»Okay«, meine Stimme wurde etwas leiser und etwas sanfter. So, wie es sich gehört, wenn man über Liebe, Sehnsucht und von Herzenswünschen spricht. »Dann stell dir jetzt vor, du hättest eine Reise in eine schöne Stadt gemacht. Du besuchst gerade ein sehr buntes Viertel. Vielleicht in London, oder der Altstadt von Heidelberg, oder es ist ein besonderes Viertel in Wien oder Paris. In diesem Viertel gibt es viele kleine Straßen mit vielen kleinen Geschäften. Du siehst eine Menge Schaufenster, jedes für sich ist besonders und ganz individuell. Es hängen Fähnchen, Lichter und bunte Schilder an den Türen. Alles mögliche ist hier zu finden. Schokoladen, tolle Kleider, Schuhe, Taschen, Schmuck, Seifen, Bücher und Musik. Ein wunderbares Viertel um zu staunen, zu sehen, sich was zu wünschen oder zu schenken. Du schlenderst durch die Straßen. Es duftet aus den Läden, die Menschen lachen sich zu, eine Band macht an der Ecke Musik und die Luft umhüllt dich wie ein zarter Mantel. Du bist sehr gut gelaunt, neugierig und hast sehr viel Zeit. Und so verwundert es dich auch nicht, dass du an einem Schaufenster länger stehen bleibst und die Auslagen intensiv betrachtest.

»Was ist das?« fragst du dich und siehst eine bunte Menge von kleinen Metallplättchen liegen. Die Plättchen sehen aus wie Häuser, Kinder, Herzen, Autos, Tische, Bücher, Schiffe. Über dem Fenster ist ein Schild befestigt auf dem du »Magnete aller Art« lesen kannst. Drinnen siehst du Lena, die Besitzerin des Ladens, hinter dem Verkaufstresen. Sie lacht dich freundlich an und winkt dich zu sich hinein. Als du im Laden bist erklärt sie dir, dass du bei ihr Magnete kaufen kannst, die sie mit deinen Wünschen speist.

»Die einen wünschen sich ein besonderes Auto, manche Menschen ein Kind und wieder andere wollen endlich mal einen Riesenfisch beim Angeln fangen«, zählt Lena die verschiedenen Wunschmöglichkeiten auf. »Und was wünschen Sie sich?« fragt sie gleich.

»Einen Mann«, hörst du dich sagen.

»Na, dann suchen Sie sich mal einen schönen Magneten aus!«

Lena zieht eine Schublade auf und legt dir eine Auswahl von Magneten auf den Tresen. Du wählst dir einen aus. Die Form des Magneten ist eigentlich egal, aber die meisten Menschen, die sich einen Partner wünschen, wählen sich ein hübsches Herz.

Auf dem Tresen ist eine kleine Stahlplatte. Sie ähnelt diesen Platten, auf denen man Crepes herstellt. Es handelt sich hier jedoch um eine Ladeplatte. Darauf legt Lena nun deinen kleinen Magnet.

»Und? Wie soll er sein?« fragt Lena dich salopp.

Sie meint damit die Persönlichkeit, das Aussehen, die Wirkung deines Traumpartners. Soll er still oder munter sein? Soll er Kinder mögen oder lieber lange Reisen?

Sag ihr alles, was dir in den Sinn kommt. Wünsche munter drauf los. Du kannst nichts verkehrt machen und es besteht kein Druck und keine Eile.

Solltest du wirklich eine Zutat vergessen haben, na, du weißt ja jetzt wo Lenas Laden ist und kannst sie jederzeit besuchen. Sie speichert dann die vergessenen Wünsche einfach nach. Und sollte dir eine gewünschte Eigenschaft doch nicht so gut gefallen, dann wird auch dies wieder geändert. Es ist im Service inbegriffen und Lena ist eine ausgesprochen hilfsbereite Frau. Du kannst dich vor ihr auch nicht blamieren. Lena ist es egal wie viel und was du dir so wünscht. Es ist ihr Job, ihr Laden. Sie will zufriedene Kunden!

War alles dabei? Jede Wichtigkeit und jede Kleinigkeit? Wirklich alles, oder purzelt da noch etwas nach? Lena schaut dich an. Nein, alles gewünscht.

Nun nimmt sie den Magneten von der Platte und legt ihn sanft auf die Haut, etwas über deinem Herzen. Ehe du dich versiehst, ist der Magnet mit dir verschmolzen. Von nun an wird er dich begleiten und unablässig hinaussenden, dass du bereit für die Liebe ... nein, für eine besondere Liebe bist.

Wenn dieser Mensch da ist, dann bring Lena den Magnet zurück. Und, ach ja, bevor du gehst. Sag Lena Danke. Sie freut sich darüber.

Geh nun hinaus auf die Straße. Schauen dich die Menschen schon ein wenig anders an? Dann komm doch jetzt wieder zu mir. Ganz leicht und ganz sanft und ganz langsam. Du kannst immer wieder zurück in die Straße gehen und auch Lena neu besuchen. Aber jetzt komm' zurück und sei da, bei mir, bei dir und dem Moment, der gerade ist.«

Manche Wünsche werden wahr.
Wirklich!
Möchten Sie nicht auch einmal zu Lena in den Laden?

Auch das, was Sie sich wünschen, wird die Signale des Magneten empfangen und darauf reagieren.

Irgendwann

Wenn ich den Libellen beim Tanz zuschaue,
und den Schwänen, wie sie über das Wasser ziehen,
wenn ich die Wildgänse paarweise über die Felder fliegen sehe
und das Kind meiner Nachbarin, das Hand in Hand mit einem
anderen Kind zur Schule geht,
wenn ich auf Grabsteinen zwei Namen sehe,
mit einem Herz und einer Träne als Schmuck im Stein,
wenn für mich nichts schöner klingt,
als wenn zum Klavier eine Klarinette spielt,
oder eine Geige, oder jemand etwas singt.
Wenn ich mir das Blatt eines Gingkobaumes betrachte,
das aussieht, als wäre es ein Hintern mit zwei Hälften,
oder mir ein Hörnchen bestelle, das zwei Enden hat,
wenn ich einen Brief bekomme, oder eine Mail,
die irrtümlich an »Herrn und Frau« oder »Familie«
adressiert sind,
wenn ich um mein Glück würfele
mir die Karten lege oder
versuche, die Sterne für mich zu deuten,
dann meldet sich etwas in mir
und das ist sanft
und das ist nicht drängend
und das ist nicht entmutigt
oder gelangweilt
oder hoffnungslos
sondern das ist ganz still und ganz sicher
und lässt mich am Horizont jemand erkennen.

Literaturempfehlungen

Olaf Jacobsen: Ich stehe nicht mehr zur Verfügung. Wie Sie sich von belastenden Gefühlen befreien und Beziehungen völlig neu erleben. Olaf Jacobsen Verlag 2021

Ichiro Kishimi und Fumitake Koga: Du musst nicht von allen gemocht werden: Vom Mut, sich nicht zu verbiegen. Rowohlt 2018

Gundl Kutschera: Tanz zwischen Bewußt-sein und Unbewußt-sein. Ein NLP Arbeits- und Trainingsbuch. Junfermann 2007

Karyl McBride: Werde ich jemals gut genug sein? Heilung für Töchter narzißtischer Mütter. G.B. Probst Verlag 2020

Friederike Potreck-Rose und Gitta Jacob: Selbstzuwendung, Selbstakzeptanz, Selbstvertrauen. Psychotherapeutische Interventionen zum Aufbau von Selbstwertgefühl. Klett Cotta 2016

Christine Weiner und Carola Kupfer: Das Pippilotta-Prinzip. Ich mach mir die Welt, wie sie mir gefällt. Goldmann 2009